Manual jurídico da *STARTUP*

Como criar e desenvolver projetos inovadores com segurança

Dados Internacionais de Catalogação na Publicação (CIP)

P853m Porto, Éderson Garin.

Manual jurídico da startup : como desenvolver projetos inovadores com segurança / Éderson Garin Porto. 3. ed. rev. e atual. – Porto Alegre : Livraria do Advogado, 2021.

147 p. ; 23 cm.

Inclui bibliografia.

ISBN 978-65-86017-39-7

1. Direito empresarial. 2. Startups. 3. Negócios - Aspectos econômicos. 4. Empreendedorismo. 5. Tributos. 6. Contratos. I. Título.

CDU 347.72
CDD 346.0652

Índice para catálogo sistemático:

1. Direito empresarial 347.72
2. Startups 658.114

(Bibliotecária responsável: Sabrina Leal Araujo – CRB 8/10213)

Éderson Garin Porto

Manual jurídico da *STARTUP*

Como criar e desenvolver projetos inovadores com segurança

3ª EDIÇÃO – revista e atualizada –

Lei Complementar n° 182/2021 - Marco Legal da Startup
Lei Complementar n° 167/2019 - INOVA SIMPLES e ESC
Lei n° 13.874/2019 - Lei da Liberdade Econômica
Lei n° 13.709/2018 - LGPD

livraria DO ADVOGADO *editora*

Porto Alegre, 2021

(edição finalizada em agosto/2021)

Capa, projeto gráfico e diagramação
Livraria do Advogado Editora

Revisão
Rosane Marques Borba

Direitos desta edição reservados por
Livraria do Advogado Editora
Rua Riachuelo, 1334 s/105
90010-273 Porto Alegre RS
Fone: (51) 3225-3311
editora@doadvogado.com.br
www.doadvogado.com.br

Impresso no Brasil / Printed in Brazil

Prefácio

Um guia para lidar com incertezas e definir estratégias

De acordo com a conhecida definição de Steve Blank, "uma *startup* é uma empresa, uma parceria ou uma organização temporária em busca de um modelo de negócio que seja escalável e repetível".[1] *Startups* desempenham um papel fundamental nos processos de inovação. Empregam tecnologias emergentes para criar produtos ou serviços em condições de extrema incerteza e reinventar modelos de negócios. A incerteza, por sua vez, é a falta de conhecimento sobre o resultado de uma decisão ou evento.

A maioria das *startups* enfrenta um grande número de questões legais quando começam diante de eventos específicos ou que condicionam suas decisões, sendo esses problemas para muitos empreendedores os mais desafiadores. Temas como a constituição jurídica de uma *startup*, fontes de recursos e tributos parecem ser os mais desafiadores para empreendedores e fundadores das *startups*, capitalistas de risco, organizações governamentais que buscam estimular a inovação e o crescimento econômico, Instituições Científicas e Tecnológicas que promovem a pesquisa básica e aplicada de caráter científico ou tecnológico ou o desenvolvimento de novos produtos, serviços ou processos e incubadoras e aceleradoras que desejam identificar e fornecer recursos essenciais para empresas nascentes, bem como para advogados que estão envolvidos no movimento de *startups*, especialmente no Brasil.

Na vanguarda desse movimento, o Professor Doutor Ederson Garin Porto, colega no Mestrado Profissional em Direito da Empresa e dos Negócios da Unisinos e membro fundador do *Lawboratory*, está contribuindo para o sucesso das *startups* em todo o Brasil.

O seu *Manual jurídico da Startup* é um excelente guia teórico e prático indispensável para quem deseja lidar com as incertezas relacionadas

---

[1] BLANK, S. (2010), "Why startups are agile and opportunistic – pivoting the business model", available at: www.steveblank.com (accessed 1 November 2015).

às questões legais das *startups* e definir estratégias mais assertivas ou para aqueles que desejam se conectar com elas.

Recomendo a leitura desta obra, pois nos ajuda a melhor entender o que é realmente importante sobre as questões legais das *startups* e oferece uma útil e detalhada análise para fundamentar a criação e desenvolvimento de projetos inovadores com segurança.

Prof. Dr. Silvio Bitencourt da Silva

Professor do Mestrado Profissional em
Direito da Empresa e dos Negócios da UNISINOS;
Coordenador Administrativo dos Institutos Tecnológicos da UNISINOS

Sumário

Apresentação

As *startups* no cenário dos novos negócios e a Quarta Revolução Industrial

A Quarta Revolução Industrial (Klaus Schwab) é gerada em uma sociedade onde o desenvolvimento científico e tecnológico é orientado pelas novas tecnologias, como: "inteligência artificial, robótica, Internet das coisas, veículos autônomos, impressão 3D, nanotecnologia, biotecnologia, ciência dos materiais, armazenamento de energia e computação quântica, para citar apenas algumas".[2] Essas tecnologias se encontram no cenário da inovação, que parece ser a palavra de ordem neste Século XXI. Todas essas novidades exigirão tratamento jurídico próprio, que tenha flexibilidade e capacidade de rápida adaptação, pois os cenários gerados por essas tecnologias são altamente disruptivos, exigindo do Direito e dos integrantes de suas variadas carreiras criatividade para gerir problemas novos, como os riscos e a sua gestão, além da incerteza quanto ao futuro. Os modelos de negócios, as relações contratuais, os arcabouços societários, as abordagens tributárias e os demais elementos estruturantes que se encontram no *ecossistema das startups* deverão receber especial atenção do Sistema do Direito. Como fazer a juridicização de tantas novidades? Qual a maneira mais eficiente de se regular? O que exatamente se deverá regular? Estas e outras perguntas se encontram no centro das atenções e cabe àqueles que trabalham com o Direito apresentar respostas rápidas e inovadoras. Aqui um dos principais desafios para a área jurídica.

Se a segurança e a previsibilidade foram elementos que sempre estiveram presentes no Direito, o panorama da Quarta Revolução Industrial está inaugurando uma nova fase, que tem outras características: a insegurança e a dificuldade de previsão, aliadas à dificuldade que o jurídico sempre apresentou para lidar com o futuro, são

[2] SCHWAB, K. *A quarta revolução industrial*. Trad. Daniel Moreira Miranda. São Paulo: Edipro, 2016, p. 11.

desafios a serem enfrentados. O Direito e as pessoas que trabalham com ele sempre tiveram uma outra projeção do tempo: olhavam para o passado, registrando um fato ocorrido, que deveria ser juridicizado no presente. As novas tecnologias não têm um passado. Elas estão no presente e se projetando para o futuro. Portanto, caberá aos ocupantes das carreiras jurídicas lidar com estes novos compassos do tempo, especialmente a incerteza do futuro e a circunscrição dos danos futuros.

É neste conjunto de situações que o Professor Doutor Éderson Garin Porto se apresenta, marcando presença com este livro, que tenho a honra de apresentar, que está intitulado *Manual Jurídico da Startup*. O Professor Éderson, jovem e promissor pesquisador, aceitou o desafio de realizar o seu estágio de pós-doutorado na renomada Universidade da Califórnia, de Berkeley, USA, com o projeto na área de análise da economia colaborativa a partir da perspectiva da *Law and Economics*, sob a orientação do Prof. Robert Bartlett, Diretor do Centro de Direito, Negócios e Economia (*Center for Law, Business and the Economy*). O Professor Éderson também vem se revelando um colega dedicado, que aceitou o desafio de desenvolver atividades acadêmicas inovadoras no Mestrado Profissional em Direito da Empresa e dos Negócios da Unisinos, que nasceu sob a luz da perspectiva interdisciplinar, objetivando trazer novos temas para o ambiente jurídico, qualificando os seus egressos por meio de pesquisas e metodologias que ainda são pouco exploradas pelos pesquisadores do Direito.

Por tudo isso, recomendo a leitura deste livro.

Prof. Dr. Wilson Engelmann

Coordenador Executivo do Mestrado Profissional em
Direito da Empresa e dos Negócios da UNISINOS;
Professor e Pesquisador do Programa de Pós-Graduação em Direito – Mestrado e Doutorado – da UNISINOS;
Bolsista de Produtividade em Pesquisa do CNPq.

Nota à 3ª edição

Toda obra desperta no autor um sentimento semelhante aquele experimentado pelos genitores. O *Manual Jurídico da Startup* é esse filho querido que muito orgulho trouxe ao seu autor. Fui abordado na rua e contatado pelas redes sociais para receber elogios do "filho", o que enche de orgulho o pai. Agora venho apresentar a terceira edição, mais madura e permeada pelas atualizações legislativas que ocorreram no período. Passados três anos, podemos afirmar que o movimento não é uma febre e que apesar das dificuldades enfrentadas com a pandemia, viu-se um fortalecimento do ecossistema e uma popularização do empreendedorismo. Desejo que mais e mais pessoas se encantem pelo universo Startup e minha parcela de contribuição está nesta terceira edição atualizada e ampliada. Boa leitura!

Nota à 2ª edição

A primeira edição do *Manual Jurídico da Startup* esgotou em poucos meses. Pode-se afirmar sem nenhum exagero que foi um fenômeno, considerando o cenário de dificuldades econômicas. Como é próprio do ecossistema de inovação, o mercado e os projetos passam por constantes atualizações, o que não poderia ser diferente com este trabalho. No entanto, buscou-se inserir as novidades e preservar o estilo objetivo e direto da primeira edição. Assim, espera-se que o leitor continue apreciando o texto, agora com alguns acréscimos fruto das novidades jurídicas que ocorreram no período. Boa leitura!

Notas iniciais

"A simplicidade é o último grau da sofisticação".
Leonardo Da Vinci

A vida é feita de ciclos, fases ou, como se diz no ecossistema das *Startups*, *milestones*. Durante anos da vida profissional e acadêmica, dediquei-me ao estudo da tributação e participei na assessoria de diversas sociedades. Acompanhei e advoguei em litígios societários complexos, assim como enfrentei algumas autuações do fisco em defesa dos meus clientes. No entanto, até pouco tempo, não havia me envolvido com um negócio embrionário vocacionado ao desenvolvimento de um produto novo em circunstância de elevada incerteza.[3]

Tendo concluído a *milestone* do meu doutoramento, entendi que era chegada a hora de mergulhar em um novo mundo e que cada vez mais ganha importância. Decidi me aventurar no mundo das *Startups*. No entanto, as primeiras incursões remontam ao ano de 2010, quando lecionei na Universidade Federal do Rio Grande do Sul (UFRGS) para os alunos de graduação dos cursos de Administração, Contábeis e Economia. Naquela época, já haviam me provocado sobre a estruturação desse tipo de negócio. Em 2014, voltei a lecionar Direito Empresarial para os alunos da Administração da Unisinos e novamente o tema veio à tona. Até que em 2016 inicio a docência no Mestrado Profissional em Direito das Empresas e dos Negócios da Unisinos e deparo-me com mestrandos ávidos pelo tema e alguns com bastante experiência profissional na assessoria de *Startups*. Surgiu então a ideia de estruturar uma disciplina para o programa.

No entanto, faltava ainda um passo importante. Chegara o momento de uma nova *milestone* na minha carreira. Apliquei para o Programa de *Visiting Scholar* da Universidade da Califórnia Berkeley. Fui selecionado e passei a frequentar aulas, pesquisar num dos centros

[3] Este é um conceito de *Startup* cunhado por Eric Ries e que será repetidamente recobrado. RIES, Eric. The Lean *Startup*: How today's entreperneurs use continues innovation to create radically successful business. New York: Crown Business, 2011, p. 27.

mais desenvolvidos sobre o tema e respirei o ar do Vale do Silício, visitando empreendedores, conhecendo incubadoras e experimentando o *know-how* da região do mundo mais vocacionada para a inovação.

O fruto dessa aventura está registrado neste ensaio. É um misto de experiência profissional, acadêmica e especialmente imersão no ambiente das *Startups* nos meses que antecederam à publicação deste manual. É um registro da experiência e vivência profissional diante de vários negócios assessorados e muitos litígios desgastantes, assim como um compêndio da pesquisa realizada em *Boalt Hall.*

O objetivo traçado era audacioso, pois pretendia-se agradar dois públicos distintos: os empreendedores e os profissionais do Direito. Para os empreendedores não se poderia usar uma linguagem hermética que tornasse difícil e desagradável a leitura. De outro lado, aos profissionais do Direito, não se poderia ser superficial em demasia, o que acabaria vulgarizando o estudo. Se o objetivo foi alcançado, somente os leitores poderão dizer, mas o que é possível assegurar é que o texto foi estruturado para apresentar os principais temas jurídicos de interesse das *Startups* e indicar as referências sempre em nota de rodapé para que o leitor mais curioso busque mais detalhes. Trata-se, sem dúvida alguma, de uma obra jurídica, mas com a preocupação de tornar acessível a leitura para quem não possui a formação em Direito.

Em suma, o presente manual, fruto da experiência da advocacia e do magistério, tem como preocupação central indicar os melhores caminhos para o empreendedor desenvolver o seu negócio, alertando-o dos riscos de cada decisão. Ao alertar o empreendedor, espero também contribuir com o profissional da advocacia, que saberá com propriedade aprofundar os registros deste compêndio e orientar seu cliente com zelo e competência.

Cabe ainda um derradeiro registro. Uma preocupação que pautou a execução da pesquisa é reverter a cultura do litígio. É um desafio para algumas gerações, mas talvez o esgotamento do Poder Judiciário precipite essa evolução. Ao estudar o ambiente de negócios norte-americano, percebe-se que o litígio é usado realmente quando esgotadas todas as outras alternativas. Os acordos são feitos para serem cumpridos e espera-se da contraparte o respeito à palavra empenhada. Talvez por esse motivo negócios iniciados numa garagem floresçam em profusão e se tornem empresas multinacionais. Buscando evitar o litígio é que muitos assuntos foram enfrentados e algumas providências foram sinalizadas, pois acredita-se que o advogado moderno deve ser um *deal maker*, e não um *deal braker*. Infelizmente, a cultura do litígio contribuiu para que o advogado fosse encarado como um entrave para os negócios, imagem que estou lutando para desfazer.

Por isso, fica o último registro em tom de súplica aos colegas de profissão: estejamos preparados para o litígio, mas não o priorizemos. Façamos de tudo para viabilizar negócios e sejamos parceiros na construção de projetos inovadores, pensando em alavancar o desenvolvimento, e não em criar disputas frívolas. Tenhamos uma mente voltada para o negócio.

1. O ecossistema das *startups*

1.1. Um novo mundo. Uma nova economia

O mundo tem presenciado verdadeiras revoluções silenciosas. Sem alarde, nem explosões de mísseis, a sociedade está sendo transformada de forma descentralizada. Não se pode apontar um líder ou uma nação à frente desta revolução. Muitos fenômenos acontecem simultaneamente em diferentes partes do mundo e já resultam em mudanças sensíveis na sociedade.

Em 2011, a Revista "Time" descreveu a "Economia Compartilhada" como uma das 10 ideias que teriam a capacidade de mudar o mundo.[4] A matéria intitulada "Today's smart choice: don't own. Share" inicia dizendo que um dia nós olharemos para o passado e nos espantaremos com a quantidade de coisas que possuíamos. O movimento inicia, segundo a matéria, com a chamada "Napsterization" ou movimento de digitalizar música e compartilhar de modo gratuito pela rede mundial de computadores, tornando o CD inútil.

Quando se poderia imaginar que grupos poderosos de mídia teriam diminuído seu papel de difusor de informação e acabaria por se esvair o monopólio da notícia? A Internet e as redes sociais estão aí para provar que não há mais um grupo econômico capaz de manipular sozinho a informação, quando, em tempo real, pessoas são capazes de postar fotos e vídeos para desconstruir uma falsa narrativa. A mídia tradicional está passando por um duro processo de reinvenção para não ser sucumbida pelas mudanças tecnológicas.

Quem poderia imaginar que o transporte de pessoas ganharia um modal mais eficiente, seguro e barato que o táxi, mas sem os inconvenientes do transporte coletivo? Hoje, o transporte individual de passageiros é uma realidade. Num curto espaço de tempo, muitas

---

[4] Walsh,"Today's smart choice: Don't own. Share", Time (17March2011), disponível em: <http://content.time.com/time/specials/packages/article/0,28804,2059521_2059717_2059710,00.html>.

inovações tecnológicas estão transformando a forma como as pessoas se relacionam e como fazem negócios. É nesse novo mundo que estamos assistindo ao desenvolvimento da Inteligência Artificial, Realidade Virtual e Aumentada, BlockChain e Criptomoedas, Robótica e Capacidade Humana, Impressoras 3D, Indústria 4.0.

A velocidade de desenvolvimento dessas ideias não é a mesma velocidade do mundo dos negócios normal e, dado este descompasso, surge um modelo de negócios que preza pela informalidade, desburocratização, descomplicação e improviso. Os jovens empreendedores, ávidos por desafios e estimulados por uma "moda de empreendedorismo", arriscam-se em desafios e lançam-se num universo desconhecido que é o mundo dos negócios, sem possuir qualquer orientação para tanto. As dificuldades são ainda maiores se o desafio é lançar um negócio no Brasil, considerado por estudos internacionais como um dos locais mais inóspitos para negócios no mundo.[5]

Se as mudanças estão ocorrendo num ritmo frenético, a atualização das instituições brasileiras e, especialmente, dos profissionais responsáveis por assessorá-las ocorre em ritmo exageradamente lento. De um lado, há uma parcela de pessoas contrariadas com a mudança e preocupadas com o risco de eliminação de postos de trabalho. De outro lado, estão algumas pessoas capazes de vislumbrar uma fantástica janela de oportunidades.

As revoluções referidas ensejam a criação de um novo ambiente de negócios e, a que se poderia chamar de nova economia. Trata-se de um ambiente em que empresas de tecnologia desafiam as instituições bancárias (*fintechs*), um lugar onde as criptomoedas desafiam bancos centrais, ou, simplesmente, poder-se-ia dizer que se trata de um ambiente onde empreender e inovar são as pedras de toque. Nesse ambiente, a indústria da educação, do agronegócio, da saúde, entre outras, já está sofrendo modificações significativas.

Esse mercado descentralizado, sem um líder específico, sem uma bandeira, sem uma nacionalidade, desafia a todos a tentar compreender. E, para aqueles que enxergam oportunidades: é possível aproveitar o movimento para prosperar.

Não adiante montar portentosos laboratórios ou contratar milhares de pesquisadores, quando a criação pode estar surgindo numa garagem num bairro humilde de Bangladesh ou num fundo de quintal em Toronto. A trajetória de Elon Musk é ilustrativa dos movimentos

[5] Relatório Doing Business do Banco Mundial: <http://www.doingbusiness.org/>.

dessa nova economia. Em 1995, o então jovem acadêmico larga o doutorado em Stanford para fundar a *Startup* Zip, que, posteriormente, viria a ser adquirida pela Compaq por USD$ 340 milhões em 1999. Em seguida, funda a X.com, empresa de pagamentos *on-line*, que passa por uma fusão com a *Startup* Confinity em 2000, tornando-se o conhecido PayPal (meio de pagamento eletrônico), que desafiou a poderosa indústria de cartões de crédito. Dois anos depois, PayPal é adquirida pelo eBay por USD$ 1,5 bilhão. No mesmo ano (2002), Musk funda a SpaceX, *startup* com foco na construção de transporte aeroespacial. Isso mesmo: o empresário funda outro negócio que agora desafia a poderosa NASA. Os negócios não param, e a diversificação das empresas de Elon Musk é infindável: vai desde a criação de carros elétricos (Tesla) até a colonização de Marte.

O traço comum em todas as inovações recentes é o ambiente em que são geradas. As mudanças recentes são desenvolvidas em instituições humanas destinadas a criar um novo produto ou serviço sob condições de extrema incerteza,[6] ou, em outras palavras, uma *Startup*. No entanto, iniciar um negócio não é fácil, como se pode imaginar, nem é livre de riscos. Em realidade, a maior parte dos negócios tem como destino o fracasso. Logo, é preciso compreender o que pode comprometer uma promissora ideia, e este é um dos principais desafios deste manual.

Não se poderia deixar de registrar o fenômeno da pandemia que assolou o globo em 2020 e transformou as vidas de populações inteiras. Por óbvio, não interessa abordar os efeitos deletérios da crise sanitária e econômica, pois estes todos estamos familiarizados. O ponto é chamar atenção para o impulso em direção à inovação que a humanidade foi lançada e como a sociedade acabou se adaptando por não ter outra alternativa. Antes da pandemia questionava-se a velocidade com que o sistema financeiro evoluiria no atendimento aos seus clientes. De um dia para o outro, o mundo todo passou a ter que se utilizar de *home banking*, ainda que nunca tivesse ouvido falar de *fintech*. Antes do Covid-19, questionava-se o rumo do ensino em direção ao *on-line*. Depois do Covid-19 questiona-se se o ensino voltará para o *off-line*. Antes do Covid-19 questionava-se o uso de telemedicina, hoje ninguém mais duvida da eficiência do atendimento remoto prestado pelos médicos neste período.

A pandemia revelou que o movimento de inovação tecnológica veio para ficar e que as incertezas que pairavam sobre a velocidade e

[6] RIES, Eric. The Lean *Startup*: How today's entreperneurs use continues innovation to create radically successful business. New York: Crown Business, 2011, p. 27.

a aceitação da sociedade não mais persistem. Aprendemos a utilizar tudo que a tecnologia pode oferecer para facilitar o nosso dia a dia, o que confere ainda mais importância para o estudo e compreensão do ecossistema.

1.2. Por que alguns negócios não dão certo?

O Serviço Brasileiro de Apoio às Micro e Pequenas Empresas (SEBRAE) desenvolveu uma importante pesquisa para demonstrar o índice de sobrevivência das micro e pequenas empresas.[7] Desde 2011, o SEBRAE mede e acompanha a sobrevivência/mortalidade das empresas com até dois anos de constituição, para entender as razões da sobrevivência e, na pior hipótese, os motivos da derrocada.

Segundo os dados do SEBRAE, a taxa de mortalidade das empresas com até dois anos, divididas por porte, é a seguinte:

Taxa de mortalidade das empresas com até dois anos, por porte

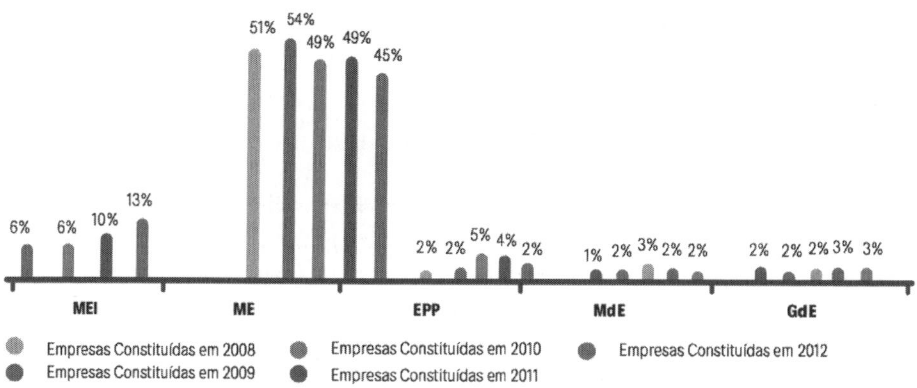

Fonte: Sebrae (obs.: O registro oficial MEI teve início em 2009, razão pela qual a taxa de mortalidade para o MEI só é calculada a partir deste ano.

O estudo desenvolvido pelo SEBRAE estratifica a taxa de mortalidade das empresas por ramo de atividade, apresentando os setores que mais resultam em extinção das empresas:

[7] *Sobrevivência das empresas no Brasil*. Marco Aurélio Bedê (Coord.). Brasília: Sebrae, 2016, disponível em: <https://m.sebrae.com.br/Sebrae/Portal%20Sebrae/Anexos/sobrevivencia-das-empresas-no-brasil-102016.pdf>.

Taxa de mortalidade das empresas com até dois anos, por porte

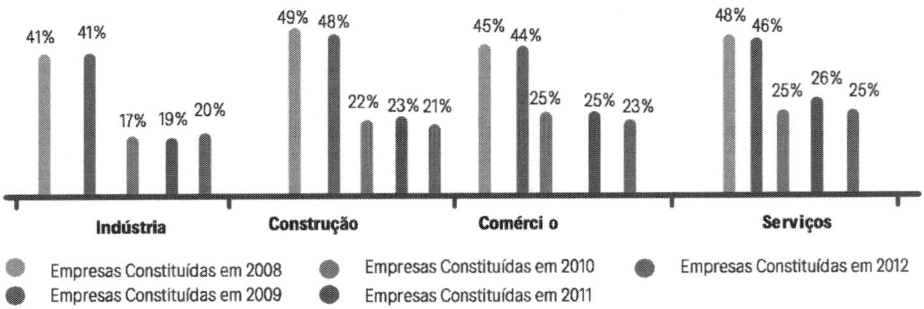

Fonte: Sebrae

Os dados levantados pelo SEBRAE, após entrevista com os empresários, identificou que as principais causas de mortalidade das empresas está associada com a experiência do empresário, motivação para abrir o negócio, planejamento do negócio, gestão e capacitação.[8]

A importância de cada um destes fatores é apresentada com percentuais pelo estudo como se pode ver nas tabelas a seguir:

Resultados comparitivos selecionados da pesquisa

FATORES CONTRIBUINTES		EMPRESAS ATIVAS	EMPRESAS INATIVAS
Situação antes da abertura	Condição anterior do empresário*	MENOR proporção de desempregados (21%)	MAIOR proporção de desempregados (30%)
	Experiência anterior do empresário*	MAIOR proporção de pessoas com experiência anterior no mesmo ramo (71%)	MENOR proporção de pessoas com experiência anterior no mesmo ramo (64%)
	Motivação para abrir o negócio*	MENOR proporção dos que abriram por exigência de cliente/ fornecedor (12%)	MAIOR proporção dos que abriram por exigência de cliente/ fornecedor (23%)
		MAIOR proporção dos que abriram porque identificaram oportunidade ou porque desejavam ter o próprio negócio (59%)	MENOR proporção dos que abriram porque identificaram oportunidade ou porque desejavam ter o próprio negócio (49%)

[8] *Sobrevivência das empresas no Brasil*. Marco Aurélio Bedê (Coord.). Brasília: Sebrae, 2016, p. 75, disponível em: <https://m.sebrae.com.br/Sebrae/Portal%20Sebrae/Anexos/sobrevivencia-das-empresas-no-brasil-102016.pdf>.

FATORES CONTRIBUINTES		EMPRESAS ATIVAS	EMPRESAS INATIVAS
Planejamento	Tempo médio de planejamento antes de abrir a empresa**	11 meses	8 meses
	Recursos*	MAIOR proporção que negociou prazos com fornecedores ou obteve empréstimo em bancos (39%)	MENOR proporção que negociou prazos com fornecedores ou obteve empréstimo em bancos (23%)
Gestão do negócio		Investir na capacitação da mão de obra e dos sócios (69%)	Investir na capacitação da mão de obra e dos sócios (52%)
		Aperfeiçoar sistematicamente seus produtos e serviços às necessidades dos clientes (95%)	Aperfeiçoar sistematicamente seus produtos e serviços às necessidades dos clientes (84%)
		Estar sempre atualizado com respeito às novas tecnologias do seu setor (89%)	Estar sempre atualizado com respeito às novas tecnologias do seu setor (78%)
		Realizar um acompanhamento rigoroso da evolução das receitas e das despesas ao longo do tempo (74%)	Realizar um acompanhamento rigoroso da evolução das receitas e das despesas ao longo do tempo (65%)
		Diferenciar produtos e serviços (31%)	Diferenciar produtos e serviços (24%)
Capacitação em gestão empresarial*		MAIOR proporção que fez algum curso para melhorar o conhecimento sobre como administrar um negócio, enquanto tinha a empresa (51%)	MENOR proporção que fez algum curso para melhorar o conhecimento sobre como administrar um negócio, enquanto tinha a empresa (34%)

Num estudo desenvolvido pela Fundação Dom Cabral, cerca de 25% das *Startups* são extintas em um período inferior a um ano e cerca de 50% em um período inferior a 4 anos.[9]

Se é verdade que não há um único fator preponderante para o insucesso, alguns fatores conhecidos podem ser facilmente minimizados ou até mesmo evitados. Como alerta Ries em sua obra, as causas de insucesso das *Startups* estão associadas a dois fatores: em primeiro lugar, à inexistência de qualquer plano de negócios e, em segundo, a uma rebeldia aos modelos de gestão tradicional que acarretaram a tendência de gestão "just do it".[10]

Criou-se no meio das empresas de inovação a ideia de que o processo criativo é avesso aos regimes rígidos de gestão tradicional e que para as ideias brotarem espontaneamente é preciso transgredir os modelos de gestão convencionais. É buscando demonstrar o equívoco dessa concepção que Eric Ries desenvolve o conceito de *Startup* Enxuta, buscando demonstrar que é possível ter uma gestão profissional, mas, ao mesmo tempo, simples.

Nas primeiras linhas, cuidou-se para alertar o leitor que este é um livro jurídico, logo, não se pretende apresentar sugestões de planos de negócios ou modelos eficientes de gestão. Todavia, o que se pretenderá demonstrar é que alguns cuidados básicos podem evitar problemas conhecidos que acabam por conduzir o negócio para o chamado "vale da morte". Muitas das formalidades podem ser facilmente atendidas quando o empreendedor estiver bem orientado, outras dependem de um pouco de experiência e *expertise*. De qualquer forma, fazer da forma correta pode evitar prejuízos para a *Startup* e, sobretudo, reduzir contingências em futura etapa de investimento em que se realizará inevitavelmente uma *due diligence*.[11]

---

[9] ARRUDA, Carlos; NOGUEIRA, Vanessa; COZZI, Afonso. COSTA, Vinicius. *Causas da mortalidade de startups brasileiras*: O que fazer para aumentar as chances de sobrevivência no mercado? Fundação Dom Cabral. Rio de Janeiro. 2012, p. 10.

[10] RIES, Eric. The Lean *Startup*: How today's entreperneurs use continues innovation to create radically successful business. New York: Crown Business, 2011, p. 9-10.

[11] Como explicam Hill, Quinn e Solomon: "In some ways, due diligence is the most important part of the M&A process. It is the process by which the potencial bidder confirms (and to some extent obtains) its understanding of the business of the target, and the lawyers explore potential issues that may affect the transaction and the terms of the definitive acquisition agreement". HILL, Claire; QUINN, Brian; SOLOMON, Steven. *Mergers and Acquisitions.* St. Paul: West Academy, 2016, p. 319.

1.3. Qual a vantagem em estruturar corretamente um *Startup*?

A essa altura, o leitor deve estar se perguntando: qual a vantagem para o empreendedor em preocupar-se com trâmites jurídicos e burocráticos? É natural que o empreendedor esteja focado no *core business* e não se interesse por detalhes protocolares. No entanto, a inobservância da legislação pode trazer problemas de duas ordens: ou será criada uma dívida impagável em torno do negócio (tenha ele sido constituído formalmente ou não) ou, na melhor hipótese, será criado um passivo que poderá prejudicar a *valuation*[12] *de negócio.*

Com efeito, o descumprimento de certas regras da legislação brasileira pode acarretar na geração de dívidas para a jovem sociedade e, dependendo da formatação dada à *Startup*, pode vir a comprometer o patrimônio de seus sócios. Logo, um negócio promissor pode, no final do dia, resultar numa conta salgada e amarga para pagar. É pensando nesse risco que este manual fará alguns alertas.

Eric Ries refere-se ao "*minimun viable product* (MVP)" como um conceito chave para a sua ideia de *Startup* enxuta.[13] Parafraseando o celebrado autor, defende-se aqui o conceito de "mínima formalidade jurídica (MFJ)" a anteceder o lançamento do produto no mercado. Com a adoção de uma mínima formalidade jurídica, é possível proteger os empreendedores e valorizar o negócio num cenário de sucesso.

É muito comum observar situações em que a dívida não tenha sido ainda detectada. Significa dizer que o erro já foi cometido, mas o credor (fisco, trabalhador, credor quirografário etc.) ainda não constituiu a *Startup* em mora. Pode ser que jamais cobre a dívida. Nesse caso, o empreendedor pode-se perguntar: então por que a preocupação? É que o descumprimento de certas regras jurídicas e algumas formalidades é verificado com lupa pelas auditorias que realizam a chamada *due diligence* na *Startup* para eventual investimento, fusão ou aquisição. Em outras palavras, quando a *Startup* estiver escalando (e todos torcemos para o sucesso), o investidor "diligente" requisitará uma *due diligence* na empresa que irá apurar o *compliance* à legislação (nível de conformidade do negócio). Caso a auditoria identifique o

---

[12] Hill, Quinn e Solomon explicam a noção de *valuation*: "Accounting provides many of the inputs used in valuation. But valuation is how an acquirer determines how much it is willing to pay for a target – and how a target determines a price at which it can be acquired". HILL, Claire; QUINN, Brian; SOLOMON, Steven. *Mergers and Acquisitions*. St. Paul: West Academy, 2016, p. 207.

[13] RIES, Eric. The Lean *Startup*: How today's entreperneurs use continues innovation to create radically successful business. New York: Crown Business, 2011, p. 97.

descumprimento de regras, certamente irá apontar em seu relatório, e isso impactará na avaliação da empresa, pois será apontada uma contingência.

É pensando em evitar prejuízos que este manual foi concebido. Seja para evitar que passivos sejam constituídos ou para evitar que contingências prejudiquem o *valuation* do negócio. Assim, a observância da MFJ deve anteceder à apresentação para o mercado do MVP, sob pena de se estar criando graves problemas para o futuro.

Por essa razão, vale lembrar a regra de ouro de Peter Thiel: começar uma *Startup* esculhambada é incorrigível no futuro.[14] Cuidar de pequenos detalhes no início pode representar menos risco no futuro e uma avaliação melhor para as rodadas de investimento que se sucederão. Por isso, começar bem é uma dica importante para os empreendedores.

1.4. Definindo uma *Startup*

O livro é intitulado "Manual Jurídico das *Startups*". Poderia um leitor desavisado ou desinformado estar se perguntando: afinal, o que é uma *Startup*?

O conceito mais badalado é aquele criado por Eric Ries, que define uma *Startup* como uma instituição humana desenvolvida para criar um novo produto ou serviço sob condições de extrema incerteza.[15] Logo, uma *Startup* não é um novo tipo societário, nem uma instituição futurista. Qualquer negócio que se proponha a desenvolver uma ideia nova e que por essa razão a comercialização e o sucesso é cercado de incertezas pode ser considerado uma *Startup*.

A mensagem a ser assimilada é que não é necessário estar instalada no Vale do Silício ou numa fantástica incubadora para que a empresa seja considerada uma *Startup*. Qualquer negócio que desafia o óbvio e flerta com o desafio, buscando a inovação é, por definição, uma *Startup*. Por esse motivo, o manual se presta a auxiliar todo e qualquer empreendedor, ainda que não seja uma ideia desenvolvida pela tecnologia da informação, nem disponha de aplicativo para *smartphones*. Basta que o empreendedor se proponha a criar algo novo, num cenário de elevada incerteza, que o negócio poderá ser chamado de "*Startup*".

---

14 THIEL, Peter. *Zero to One. Notes on startups, or how to built the future.* New York: Crown Business, 2014, p. 107.

15 RIES, Eric. The Lean *Startup*: How today's entreperneurs use continues innovation to create radically successful business. New York: Crown Business, 2011, p. 27.

Nesse contexto, a criação de uma *Startup* tem como foco a criação de um negócio único. Como alerta Peter Thiel: "se você deseja criar e capturar o máximo de valor, não crie um negócio *comodity*".[16] Em outras palavras, uma *Startup*, para prosperar, deve encontrar o seu nicho, onde possa alcançar o "monopólio do lucro".[17] Contrariando o senso comum, Peter Thiel defende a criação de monopólios por *Startups*, pois a perspectiva de assegurar alguns anos ou décadas de monopólio sobre o lucro provê um fantástico incentivo para inovar. Logo, somente num cenário de estagnação ou "num mundo estático onde nada estivesse sujeito a mudanças", poder-se-ia temer a criação de monopólio.[18]

É óbvio que um mercado monopolista é indesejável e por essa razão que se desenvolveu um ramo do Direito vocacionado a tutelar o direito a um mercado competitivo.[19] Em razão dos limites desta pesquisa, não se pretende controverter a questão concorrencial e por isso se utilizará a ideia de monopólio apenas no sentido de propriedade da inovação. Assim, é possível compreender a defesa do monopólio como condição de sucesso para qualquer negócio, como sustenta Peter Thiel.[20] Para o autor, o sucesso de um negócio está diretamente associado ao que chama de "monopólio criativo".[21] que, por definição, é único, mas se pode identificar o compartilhamento de certas características essenciais, a saber: (a) propriedade da tecnologia, (b) efeito da rede de contatos, (c) economia de escala e (d) *branding*.[22]

---

[16] THIEL, Peter. *Zero to One. Notes on startups, or how to built the future.* New York: Crown Business, 2014, p. 25.

[17] Peter Thiel controverte o senso comum sobre a noção de monopólio sob o ponto de vista econômico e especialmente jurídico. O autor contesta a ideia de competição perfeita como um modelo de mercado ideal, criticando maniqueísmo criado pelos economistas entre "competição perfeita" e "monopólio". Para o autor é preciso rever a noção de monopólio. THIEL, Peter. *Zero to One. Notes on startups, or how to built the future.* New York: Crown Business, 2014, p. 23-30.

[18] THIEL, Peter. *Zero to One. Notes on startups, or how to built the future.* New York: Crown Business, 2014, p. 33.

[19] Paulo Furquim de Azevedo refere que a legislação antitruste tutela o direito à concorrência, visando a impedir o domínio do poder de mercado a ponto de alguma empresa ser capaz de definir unilateralmente seus preços. TIMM, Luciano Benetti. *Direito e Economia no Brasil.* 2. ed. São Paulo: Atlas, 2014, p. 266. FONSECA, João Bosco Leopoldino. *Direito Econômico.* 5. ed. Rio de Janeiro: Forense, 2004, p. 129. FIGUEIREDO, Leonardo Vizeu. *Lições de Direito Econômico.* 2. ed. Rio de Janeiro: Forense, 2009, p. 205. KRUGMAN, Paul e WELLS, Robin. *Introdução à Economia.* 3. ed. Rio de Janeiro: Elsevier, 2015, p. 179.

[20] THIEL, Peter. *Zero to One. Notes on startups, or how to built the future.* New York: Crown Business, 2014, p. 34.

[21] Diz Thiel: "Creative monopoly means new products that benefit everybody and sustainable profits for the creator". THIEL, Peter. *Zero to One. Notes on startups, or how to built the future.* New York: Crown Business, 2014, p. 35.

[22] THIEL, Peter. *Zero to One. Notes on startups, or how to built the future.* New York: Crown Business, 2014, p. 48.

O que essas características têm a ver com o conceito de "mínima formalidade jurídica (MFJ)"? Absolutamente tudo! Se o negócio foi pensado e projetado para criar um nicho de Mercado ou, nas palavras de Thiel, possuir um "monopólio criativo", revela-se indissociável exercer tais prerrogativas atentando para uma estruturação jurídica mínima e adequada, daí a necessidade de compreender algumas noções fundamentais e adotar algumas precauções sinalizadas neste texto.

Recentemente, a legislação brasileira acabou incorporando alguns dos conceitos trabalhados neste manual, o que acabou por instituir um conceito legal de *startup*. A Lei Complementar nº 167, de 2019, alterou a Lei Complementar nº 123/2006 (Lei do Simples), acrescentando o artigo 65-A, que trouxe a seguinte definição:

> Art. 65-A. É criado o Inova Simples, regime especial simplificado que concede às iniciativas empresariais de caráter incremental ou disruptivo que se autodeclarem como startups ou empresas de inovação tratamento diferenciado com vistas a estimular sua criação, formalização, desenvolvimento e consolidação como agentes indutores de avanços tecnológicos e da geração de emprego e renda.
>
> § 1º Para os fins desta Lei Complementar, considera-se startup a empresa de caráter inovador que visa a aperfeiçoar sistemas, métodos ou modelos de negócio, de produção, de serviços ou de produtos, os quais, quando já existentes, caracterizam startups de natureza incremental, ou, quando relacionados à criação de algo totalmente novo, caracterizam startups de natureza disruptiva.
>
> § 2º As *startups* caracterizam-se por desenvolver suas inovações em condições de incerteza que requerem experimentos e validações constantes, inclusive mediante comercialização experimental provisória, antes de procederem à comercialização plena e à obtenção de receita.

A nova legislação cria o conceito de *Startup* incremental, definindo-a como voltada a aperfeiçoar algo que já existe; e apresenta o conceito de *Startup* disruptiva como aquela destinada e focada em desenvolver algo totalmente novo. Nota-se que a legislação incorporou o elemento "condições de incerteza" para contextualizar o âmbito de atuação do empreendimento, criando o conceito de "comercialização experimental provisória", estabelecendo que durante o processo de experimentação e validação do projeto as vendas não são consideradas comercializações plenas, nem geram receita.

Passados alguns meses, pode-se afirmar que as normas jurídicas criadas com a pretensão de ajudar o ambiente de negócios não cumpriram o seu propósito. A sociedade continuou a pedir para o legislativo aprimorasse a legislação de modo a propiciar um melhor marco regulatório. Eis que surge o chamado Marco Legal da Startup a partir da publicação da Lei Complementar nº 182 de 1º de junho de 2021.

A nova legislação deixa evidente a preocupação com a melhoria do ambiente de negócios:

> Art. 3º Esta Lei Complementar é pautada pelos seguintes princípios e diretrizes:
>
> I – reconhecimento do empreendedorismo inovador como vetor de desenvolvimento econômico, social e ambiental;
>
> II – incentivo à constituição de ambientes favoráveis ao empreendedorismo inovador, com valorização da segurança jurídica e da liberdade contratual como premissas para a promoção do investimento e do aumento da oferta de capital direcionado a iniciativas inovadoras;
>
> III – importância das empresas como agentes centrais do impulso inovador em contexto de livre mercado;
>
> IV – modernização do ambiente de negócios brasileiro, à luz dos modelos de negócios emergentes;
>
> V – fomento ao empreendedorismo inovador como meio de promoção da produtividade e da competitividade da economia brasileira e de geração de postos de trabalho qualificados;
>
> VI – aperfeiçoamento das políticas públicas e dos instrumentos de fomento ao empreendedorismo inovador;
>
> VII – promoção da cooperação e da interação entre os entes públicos, entre os setores público e privado e entre empresas, como relações fundamentais para a conformação de ecossistema de empreendedorismo inovador efetivo;
>
> VIII – incentivo à contratação, pela administração pública, de soluções inovadoras elaboradas ou desenvolvidas por startups, reconhecidos o papel do Estado no fomento à inovação e as potenciais oportunidades de economicidade, de benefício e de solução de problemas públicos com soluções inovadoras; e
>
> IX – promoção da competitividade das empresas brasileiras e da internacionalização e da atração de investimentos estrangeiros.

O dispositivo acima reproduzido reconhece a importância do empreendedorismo, bem como reconhece a necessidade de modernizar o ambiente de negócios brasileiro. Infelizmente estes objetivos não são alcançados com princípios jurídicos e apesar das boas-intenções externadas, não haverá evolução se as instituições jurídicas não abraçarem a mudança.

Diferentemente do Inova Simples, o Marco Legal da Startup não oferece um conceito de startup. O diploma preferiu definir os critérios para que um negócio possa se beneficiar do tratamento conferido pela nova lei:

> Art. 4º São enquadradas como startups as organizações empresariais ou societárias, nascentes ou em operação recente, cuja atuação caracteriza-se pela inovação aplicada a modelo de negócios ou a produtos ou serviços ofertados.
>
> § 1º Para fins de aplicação desta Lei Complementar, são elegíveis para o enquadramento na modalidade de tratamento especial destinada ao fomento de startup o em-

presário individual, a empresa individual de responsabilidade limitada, as sociedades empresárias, as sociedades cooperativas e as sociedades simples:

I – com receita bruta de até R$ 16.000.000,00 (dezesseis milhões de reais) no ano-calendário anterior ou de R$ 1.333.334,00 (um milhão, trezentos e trinta e três mil trezentos e trinta e quatro reais) multiplicado pelo número de meses de atividade no ano-calendário anterior, quando inferior a 12 (doze) meses, independentemente da forma societária adotada;

II – com até 10 (dez) anos de inscrição no Cadastro Nacional da Pessoa Jurídica (CNPJ) da Secretaria Especial da Receita Federal do Brasil do Ministério da Economia; e

III – que atendam a um dos seguintes requisitos, no mínimo:

a) declaração em seu ato constitutivo ou alterador e utilização de modelos de negócios inovadores para a geração de produtos ou serviços, nos termos do inciso IV do caput do art. 2º da Lei nº 10.973, de 2 de dezembro de 2004; ou

b) enquadramento no regime especial Inova Simples, nos termos do art. 65-A da Lei Complementar nº 123, de 14 de dezembro de 2006.

§ 2º Para fins de contagem do prazo estabelecido no inciso II do § 1º deste artigo, deverá ser observado o seguinte:

I – para as empresas decorrentes de incorporação, será considerado o tempo de inscrição da empresa incorporadora;

II – para as empresas decorrentes de fusão, será considerado o maior tempo de inscrição entre as empresas fundidas; e

III – para as empresas decorrentes de cisão, será considerado o tempo de inscrição da empresa cindida, na hipótese de criação de nova sociedade, ou da empresa que a absorver, na hipótese de transferência de patrimônio para a empresa existente.

Chama atenção que o Marco Legal das Startups tenha se ocupado em revogar os §§ 1° e 2° do artigo 65-A da Lei Complementar n° 123, alterada pela Lei Complementar n° 167/2019 (Inova Simples). Os dispositivos foram reproduzidos acima e traziam o conceito de startup e criava a subdivisão em startup incremental e startup disruptiva.[23]

Adiante vamos explorar as repercussões do enquadramento proposto pelo Marco Legal das Startups. Importante, por ora, o critério de receita bruta em R$ 16.000.000,00 (dezesseis milhões de reais), o que supera em muito o limite de enquadramento no regime tributário do simples. Não há como não lamentar a falta de coragem do legislador que não promoveu as mudanças que poderiam destravar, de fato, o desenvolvimento. A tramitação e aprovação da norma foram cercadas de muita pompa, porém o resultado final é acanhado, para dizer o mínimo. Para não encerrar o comentário sobre o Marco Legal com uma percepção negativa, destaco a recepção do instituto do "sand box"

[23] Lei Complementar n° 182/2021: art. 18.

regulatório no direito pátrio. Com efeito, a Lei Complementar n° 182 criou o chamado "Programa de Ambiente Regulatório Experimental" que consiste como a própria lei estabelece:

> ambiente regulatório experimental (sandbox regulatório): conjunto de condições especiais simplificadas para que as pessoas jurídicas participantes possam receber autorização temporária dos órgãos ou das entidades com competência de regulamentação setorial para desenvolver modelos de negócios inovadores e testar técnicas e tecnologias experimentais, mediante o cumprimento de critérios e de limites previamente estabelecidos pelo órgão ou entidade reguladora e por meio de procedimento facilitado.[24]

Como a inovação exige a tolerância ao risco, ao erro, ao fracasso, a ideia de criar um ambiente regulatório experimental para que as autoridades possam acompanhar, estudar e avaliar o impacto regulatório é medida de extrema importância. Quantas soluções passaram por dificuldades justamente por contrariar regulações obsoletas e que invariavelmente são invocadas por autoridades obtusas. Criar um espaço para dar vazão a soluções criativas sem que estas configurem afrontas ao Estado de Direito é fundamental para a um só tempo promover a inovação e conferir maior segurança jurídica.

1.5. Um sopro de liberdade: Lei n° 13.874/2019 e a proteção à liberdade econômica

Na primeira edição do Manual, já se fazia o alerta para o nível tóxico do ambiente de negócios no Brasil. Boa parte do problema pode ser explicada pelo nível de burocracia e complexidade que a legislação brasileira impõe ao empreendedor. Em artigo de jornal de grande circulação no sul do Estado, havia escrito que era preciso subverter a lógica de presumir a irregularidade dos negócios para dar um voto de confiança e presumir a boa-fé do empreendedor.[25]

Eis que o Governo Federal edita a Medida Provisória n° 881, de 30 de abril de 2019. Chamada de MP da Liberdade Econômica, a norma institui a Declaração de Direitos de Liberdade Econômica, estabelece garantias de livre mercado, análise de impacto regulatório. A MP foi aprovada pelo Congresso e convertida na Lei n° 13.874/2019. É uma verdadeira revolução no cenário legislativo brasileiro, quando introduz um conceito singelo e, ao mesmo tempo, impactante: a

[24] LC 182/21: art. 2°, II.

[25] Texto disponível no *site* do jornal Zero-Hora: <https://gauchazh.clicrbs.com.br/opiniao/noticia/2017/06/ederson-garin-porto-sirvam-nossas-facanhas-de-modelo-a-toda-terra-9813614.html>.

introdução em pleno século XXI da liberdade econômica no sistema jurídico brasileiro. Vale destacar os princípios que norteiam a Medida Provisória:

> Art. 2º São princípios que norteiam o disposto nesta Medida Provisória:
>
> I - a presunção de liberdade no exercício de atividades econômicas;
>
> II - a presunção de boa-fé do particular; e
>
> III - a intervenção subsidiária, mínima e excepcional do Estado sobre o exercício de atividades econômicas.

Quando editada a Medida Provisória não se tinha clareza que viria a ser aprovada e se depositava muita esperança que a edição de lei que reconhecesse os princípios que vieram a ser reconhecidos pudesse destravar o desenvolvimento econômico. A MP foi convertida em lei e passados dois anos, pode-se dizer que muito pouco se observou de aplicação prática da Lei da Liberdade Econômica. Por se tratar de lei federal, muitos estados e municípios não promoveram igual movimento e ainda experimentamos burocracias sufocantes no corajoso ato de abrir um negócio no Brasil. Um dos pontos que se imagina possa ganhar força com o novo Marco Legal das Startups é o instituto da Análise de Impacto Regulatório (AIR).[26] Como a Lei Complementar n° 182 cria o "sand box" regulatório, é possível que o uso abusivo do poder regulatório seja restringido e os insumos para elaboração do estudo de impacto seja fomentado.

Não se pode desconhecer alguns avanços como a tramitação simplificada de abertura de empresas consideradas de baixo risco.[27] Em 11 de junho de 2019, o Comitê para Gestão da Rede Nacional para Simplificação do Registro e da Legalização de Empresas e Negócios (CGSIM) estabeleceu critérios para definição do conceito de baixo risco, visando a dispensar exigência de atos públicos de liberação para operação ou funcionamento de atividade econômica.

Há um sopro de liberdade em meio a tantas regulações desordenadas e sobrepostas que atrapalham o desenvolvimento econômico do país. O ecossistema comemora a possibilidade de finalmente se prestigiar aqueles que ousam arriscar e desenvolver negócios e gerar renda. Espera-se que o Marco Legal das Startups não fique apenas no papel como acabou se tornando a Lei da Liberdade Econômica.

---

[26] Lei n° 13.874/2019: art. 5°, regulamentado pelo Decreto n° 10.411/2020.

[27] Lei n° 13.874/2019: art. 3°, I.

2. A constituição jurídica de uma *Startup*

2.1. A importância de constituir uma pessoa jurídica e formalizar o negócio e o memorando de entendimento

O início de um negócio é sempre cercado de incertezas e, no âmbito das *Startups*, essa afirmação ganha ainda maior relevo. É muito comum que os fundadores do negócio desejem iniciar de um modo informal, projetando a formalização para um momento onde o negócio esteja mais maduro.

Não obstante esse comportamento seja muito comum entre novos empreendedores, é preciso registrar que esta decisão pode ser o primeiro passo equivocado, além de poder trazer muitas dores de cabeça.

Há quem prefira celebrar apenas um "memorando de entendimento" entre os fundadores, instrumento chamado *pre incorporation agreement* ou *pre shareholder agreement*. A vantagem da celebração desse documento consistiria em prevenir claramente os papéis de cada fundador, assim como a participação de cada um em futura sociedade. Além disso, não se despenderia tempo e dinheiro na constituição de uma sociedade e no encerramento caso o negócio não venha a prosperar.[28] Neste documento estariam as primeiras linhas de uma eventual e futura sociedade. Em que pese as intenções sejam registradas em um memorando, este documento servirá apenas como uma das provas a serem usadas em eventual litígio, não conferindo certeza, autoexecutoriedade e nem mesmo garantia aos signatários. Por certo, celebrar um "memorando de entendimento" é melhor do que não possuir nenhum registro, mas a mensagem que precisa ser dita é que o instrumento não possui a capacidade de solucionar eventuais discussões que possam vir a surgir. Por esse motivo é que se recomenda a constituição de uma entidade com personalidade jurídica própria.

[28] Erik Nybo recorda o litígio envolvendo Mark Zuckerberg e os irmãos Winklevoss, sugerindo que a controvérsia poderia ter sido evitada se houvesse um "memorando de entendimento". NYBO, Erik Fontenele. Memorando de Entendimentos para Pré-Constituição de *Startups*. In: *Júdice*, Lucas Pimenta; Nybo, Erik Fontenele. Direito das Startups. Curitiba: Juruá, 2016, p. 35.

Basicamente, a formalização do negócio resulta na constituição de uma entidade separada da figura de seus fundadores. Em outras palavras, a formalização significa constituir uma pessoa jurídica. A legislação brasileira confere *status* de pessoa detentora de direitos e obrigações a uma entidade criada a partir da elaboração de um contrato social e a sua averbação no registro próprio.[29]

Esta medida faz surgir no ordenamento jurídico uma sociedade personificada que não se confunde com a pessoa do sócio, nem com o seu patrimônio. Por isso, é extremamente importante que o contrato social da empresa a ser criada defina alguns elementos importantes como a denominação (nome da empresa), finalidade (objeto social), sede, nome dos sócios, administradores, responsabilidade dos sócios e administração.[30] Adotando-se esta cautela, é possível constituir uma primeira e importante proteção aos fundadores, que é a separação patrimonial do negócio a ser constituído e o patrimônio de seus sócios.

A partir da constituição válida e regular, é possível estabelecer aquelas obrigações e direitos que pertencem aos sócios e aquelas que serão tituladas pela sociedade. Isso terá um impacto importante para limitar a responsabilidade dos sócios, sempre que estes agirem em nome e de acordo com objeto social definido.[31] A deliberação por não formalizar a empresa, ou a formalização irregular, atrai as regras concernentes à sociedade em comum, o que significa tornar os sócios responsáveis de forma ilimitada pelas obrigações dessa sociedade de fato.[32]

A correta formalização da sociedade confere uma proteção que, por certo, não é instransponível. Se os sócios exacerbarem a personalidade jurídica constituída, representando abuso por desvio de

[29] Código Civil: art. 45. Começa a existência legal das pessoas jurídicas de direito privado com a inscrição do ato constitutivo no respectivo registro, precedida, quando necessário, de autorização ou aprovação do Poder Executivo, averbando-se no registro todas as alterações por que passar o ato constitutivo.

[30] Código Civil: art. 46. O registro declarará: I – a denominação, os fins, a sede, o tempo de duração e o fundo social, quando houver; II – o nome e a individualização dos fundadores ou instituidores, e dos diretores; III – o modo por que se administra e representa, ativa e passivamente, judicial e extrajudicialmente; IV – se o ato constitutivo é reformável no tocante à administração, e de que modo; V – se os membros respondem, ou não, subsidiariamente, pelas obrigações sociais; VI – as condições de extinção da pessoa jurídica e o destino do seu patrimônio, nesse caso.

[31] Código Civil: art. 47. Obrigam a pessoa jurídica os atos dos administradores, exercidos nos limites de seus poderes definidos no ato constitutivo.

[32] Código Civil: art. 990. Todos os sócios respondem solidária e ilimitadamente pelas obrigações sociais, excluído do benefício de ordem, previsto no art. 1.024, aquele que contratou pela sociedade.

finalidade ou pela confusão patrimonial, é possível que a proteção da entidade criada seja levantada para atingir os sócios.[33]

No entanto, a desconsideração da personalidade jurídica é exceção e, como tal, deve ser encarada pelos empreendedores. Significa dizer que se a sociedade foi corretamente constituída, objeto social bem definido e todos os atos praticados estiveram dentro dos limites legais, não há razão para se preocupar com a responsabilização dos sócios. Há um temor acerca da responsabilidade dos sócios em relação a obrigações de natureza trabalhista e tributária. Estes temas serão enfrentados adiante em capítulo próprio.

Por ora, deve-se sinalar a importância da constituição de uma entidade para titular os negócios que serão realizados a partir das ideias de seus fundadores. Para além da proteção já referida para o caso de insucesso, a constituição regular é um atrativo para as fases evolutivas que a maturação do negócio trará. Será tanto mais valioso o negócio e tanto melhor será a escalada da *Startup* se a legislação estiver sendo cumprida, e os investidores perceberem seriedade no empreendimento. Por todos esses motivos, deve-se formalizar o negócio.

2.2. Dos arranjos societários em *Startups*

Definida a premissa de que é necessária a formalização da *Startup* com a constituição de uma pessoa jurídica para segregar o investimento inicial do patrimônio de seus fundadores, segue-se a pergunta inevitável: qual o melhor tipo societário a ser adotado?

A resposta para a indagação envolve o enfrentamento de vários aspectos que este manual procura detalhar e que se espera oferecer ao leitor, ao final, quando serão apresentadas as premissas necessárias para responder a esta e outras dúvidas. A resposta passa por questões particulares dos fundadores da *Startup*, como já se pretendeu demonstrar no capítulo anterior, assim como está relacionada com o projeto a ser desenvolvido. É possível que uma estrutura societária mais singela seja a mais indicada para a maioria das startups, porém é possível que alguns projetos já necessitem ser constituídos com estruturas mais complexas.

[33] Código Civil: art. 50. Em caso de abuso da personalidade jurídica, caracterizado pelo desvio de finalidade, ou pela confusão patrimonial, pode o juiz decidir, a requerimento da parte, ou do Ministério Público quando lhe couber intervir no processo, que os efeitos de certas e determinadas relações de obrigações sejam estendidos aos bens particulares dos administradores ou sócios da pessoa jurídica.

Por ora, pretendem-se demonstrar as opções disponíveis na legislação brasileira e destacar os seus aspectos positivos e negativos do ponto de vista estritamente societário. Adiante, de posse destas informações e também com as implicações tributárias, será possível tomar uma decisão mais racional do tipo mais adequado e notadamente do melhor regime de tributação a ser escolhido.

Antes de explicitar os tipos societários, em se tratando de constituição de uma sociedade e levando em conta a perspectiva de evolução do negócio, é importante ter em mira a necessidade de se estabelecerem relações com o mercado, e estas relações serão mais facilitadas ou não a depender do tipo de sociedade escolhida e, especialmente, do modelo de governança adotada. Por tais motivos, muita atenção nas distinções a serem apresentadas.

2.2.1. Empresário Individual (EI) e Microempreendedor Individual (MEI)

A legislação brasileira define que empresário é aquele que "exerce profissionalmente atividade econômica organizada para a produção ou a circulação de bens ou de serviços".[34] A criação de uma *Startup* não foge ao conceito. Em que pese algumas das ideias gestadas na chamada "nova economia" coloquem em xeque os conceitos de circulação de bens e prestação de serviços, não há dúvida alguma de que o empreendedor de uma *Startup* é empresário. Sem adentrar na polêmica que envolve os conceitos de circulação de bens e prestação de serviço para fins de tributação, as ideias oferecidas pelos empreendedores são atividades empresariais.

Poder-se-iam confundir as atividades gestadas no ambiente de uma *Startup* como exercício de uma profissão intelectual, de natureza científica, literária ou artística, o que resultaria na definição da *Startup* como uma sociedade de pessoas.[35] Parece evidente que dentre os objetivos dos empreendedores envolvidos com uma *Startup* está a ideia de escalar o negócio e exercer atividade empresarial de modo organizado, o que afastaria a caracterização como sociedade de pessoas, e não empresária.[36]

---

[34] Código Civil: art. 966. Considera-se empresário quem exerce profissionalmente atividade econômica organizada para a produção ou a circulação de bens ou de serviços.

[35] Código Civil: art. 966. (...). Parágrafo único. Não se considera empresário quem exerce profissão intelectual, de natureza científica, literária ou artística, ainda com o concurso de auxiliares ou colaboradores, salvo se o exercício da profissão constituir elemento de empresa.

[36] O artigo 966 do Código Civil foi objeto de dois enunciados importantes nas Jornadas de Direito Civil organizadas pelo Conselho da Justiça Federal: Enunciado 194 – Art. 966: Os profissionais

Portanto, se o empreendedor está decidido a lançar um negócio e não possui nenhum outro sócio, a formalização de sua atividade com o registro empresarial é, sem dúvida alguma, medida importante.[37] É importante consignar que as duas modalidades não conferem a segregação patrimonial, nem a limitação da responsabilidade do sócio, pois pessoa física e o empresário individual são rigorosamente a mesma entidade. Porém, o registro do empresário permitirá a realização do cadastro perante a Receita Federal, o que ensejará a geração de um número no Cadastro Nacional das Pessoas Jurídicas (CNPJ). Este registro na Receita Federal permitirá a emissão de nota fiscal, a celebração de contrato bancário, além da possibilidade de negociar com a Administração Pública, podendo oferecer o produto para os governos federal, estaduais e municipais.

Assim, o Empresário individual deve buscar na Junta Comercial de seu Estado os documentos e formulários necessários para o registro do empresário individual e posterior cadastro perante a Receita Federal. A maioria das Juntas Comerciais possui *site* atualizado e acesso digital a parte dos seus serviços, o que facilita a vida do empreendedor. Pode-se sumariar os passos para registro do empresário da seguinte forma:[38]

a) realizar a consulta de viabilidade: normalmente a Junta Comercial oferece acesso a um banco de dados que confere os dados do empreendedor com o uso do CPF e, em alguns Estados, o título de eleitor;

b) Preencher o cadastro sincronizado (Documento Básico de Entrada – DBE): esta etapa é realizada perante a Receita Federal;

c) Preencher a Ficha de Cadastro Nacional (FCN) e o Registro de Empresário (RE), que em alguns estados é feito de forma integrada por algum aplicativo que pode ser chamado de módulo integrador (Rio Grande do Sul), Redesimples (Goiás) ou, simplesmente, FCE/RE eletrônicos;

---

liberais não são considerados empresários, salvo se a organização dos fatores de produção for mais importante que a atividade pessoal desenvolvida. Enunciado 195 – Art. 966: A expressão "elemento de empresa" demanda interpretação econômica, devendo ser analisada sob a égide da absorção da atividade intelectual, de natureza científica, literária ou artística, como um dos fatores da organização empresarial.

[37] Código Civil: art. 967. É obrigatória a inscrição do empresário no Registro Público de Empresas Mercantis da respectiva sede, antes do início de sua atividade.

[38] Este roteiro pode variar de acordo com as regras da Junta Comercial do respectivo Estado da Federação, podendo ser mais ou menos complexo, assim como as nomenclaturas podem sofrer variações. De todo o modo, as indicações serão úteis para a orientação do empreendedor. Ver Manual de Registro do Empresário Individual instituído pela Instrução Normativa DREI nº 38/2017.

d) Emitir uma guia de arrecadação da taxa exigida pelo Estado e efetuar o pagamento;

e) Acessar o Registro Digital da Junta Comercial (quando houver) ou encaminhar a documentação em via física e impressa para a Junta Comercial mais próxima.

Cumpridas estas diligências, o empresário passará a ter um nome empresarial e possuirá um CNPJ que o habilitará para uma série de atos próprios de um empresário.

Desde 2008, quando editada a Lei Complementar nº 128/08, que alterou a redação da Lei Complementar nº 123/2006 (Lei do Simples), incluiu-se na legislação brasileira a figura do Microempreendedor Individual, chamado de MEI.[39] Essa figura assemelha-se ao Empresário Individual em muitos aspectos, pois representa o exercício da atividade empresarial diretamente pela pessoa física do empreendedor e com esta se confundindo em obrigações e patrimônio. Por outro lado, os benefícios de obter o registro como MEI estão a obtenção de um CNPJ e emissão de nota fiscal, possibilidade de acesso a linhas de crédito, custo fixo dos tributos independentemente do valor da receita,[40] acesso aos benefícios garantidos pela Previdência Social e acesso ao apoio oferecido pelo SEBRAE (Serviço Brasileiro de Apoio às Micro e Pequenas Empresas).

As diferenças em relação ao empresário individual é que o regime de tributação do MEI (valor fixo por mês) não permite enquadramento no regime de tributação do SIMPLES, e as receitas do MEI possuem limitação anual de R$ 81.000,00 ou R$ 6.750,00 por mês.[41] No regime do MEI, é possível que o empreendedor contrate apenas um funcionário

---

[39] LC nº 123: art. 18-A. O Microempreendedor Individual – MEI – poderá optar pelo recolhimento dos impostos e contribuições abrangidos pelo Simples Nacional em valores fixos mensais, independentemente da receita bruta por ele auferida no mês, na forma prevista neste artigo.

[40] LC nº 123: art. 18-A. (...). § 3º (...): V – o MEI, com receita bruta anual igual ou inferior a R$ 81.000,00 (oitenta e um mil reais), recolherá, na forma regulamentada pelo Comitê Gestor, valor fixo mensal correspondente à soma das seguintes parcelas: a) R$ 45,65 (quarenta e cinco reais e sessenta e cinco centavos), a título da contribuição prevista no inciso IV deste parágrafo; b) R$ 1,00 (um real), a título do imposto referido no inciso VII do *caput* do art. 13 desta Lei Complementar, caso seja contribuinte do ICMS; e c) R$ 5,00 (cinco reais), a título do imposto referido no inciso VIII do *caput* do art. 13 desta Lei Complementar, caso seja contribuinte do ISS;

[41] LC nº 123: art. 18-A. (...). § 1º Para os efeitos desta Lei Complementar, considera-se MEI o empresário individual que se enquadre na definição do art. 966 da Lei nº 10.406, de 10 de janeiro de 2002 – Código Civil, ou o empreendedor que exerça as atividades de industrialização, comercialização e prestação de serviços no âmbito rural, que tenha auferido receita bruta, no ano-calendário anterior, de até R$ 81.000,00 (oitenta e um mil reais), que seja optante pelo Simples Nacional e que não esteja impedido de optar pela sistemática prevista neste artigo. § 2º No caso de início de atividades, o limite de que trata o § 1º será de R$ 6.750,00 (seis mil, setecentos e cinquenta reais) multiplicados pelo número de meses compreendido entre o início da atividade e o final do respectivo ano-calendário, consideradas as frações de meses como um mês inteiro.

e não o remunere com valor superior a um salário mínimo.[42] Além disso, não pode se enquadrar em MEI o empresário que seja sócio de outra sociedade ou que possua mais de um estabelecimento.[43]

Para se obter o registro como MEI é necessário ingressar no *site* oficial do programa, denominado "Portal do Empreendedor (MEI)",[44] de iniciativa do Governo Federal, e realizar o passo a passo orientado no *site*, onde basicamente será necessário informar o CPF do empreendedor, data de nascimento e o título de eleitor.

Como dito, as modalidades Empresário Individual ou MEI não são as mais adequadas para uma *Startup*. De qualquer modo, esta medida pode caracterizar o primeiro passo rumo à formalização do negócio e pode ser mais interessante que simplesmente desenvolver atividades e contrair obrigações em nome próprio e, conforme faculta a legislação, é possível converter o *status* para outro modelo societário a qualquer tempo.[45] Portanto, os regimes acima referidos não se revelam os mais favoráveis para desenvolvimento de uma *Startup*, mas, ainda que ressalvadas as limitações, era considerado um passo importante de profissionalização e regularização que tornará mais fácil escalar o negócio do que seria num regime de completa informalidade.

A afirmação foi feita no passado porque desde a edição da Lei Complementar nº 167, de 24 de abril de 2019 (conhecida como INOVA SIMPLES), que alterou a redação do artigo 18-A da Lei Complementar nº 123/06 (Estatuto da ME e EPP) a utilização da figura do MEI

---

[42] LC nº 123: art. 18-C. Observado o disposto no caput e nos §§ 1º a 25 do art. 18-A desta Lei Complementar, poderá enquadrar-se como MEI o empresário individual ou o empreendedor que exerça as atividades de industrialização, comercialização e prestação de serviços no âmbito rural que possua um único empregado que receba exclusivamente um salário mínimo ou o piso salarial da categoria profissional.

[43] LC nº 123: § 4º Não poderá optar pela sistemática de recolhimento prevista no *caput* deste artigo o MEI: I – cuja atividade seja tributada na forma dos Anexos V ou VI desta Lei Complementar, salvo autorização relativa a exercício de atividade isolada na forma regulamentada pelo CGSN; II – que possua mais de um estabelecimento; III – que participe de outra empresa como titular, sócio ou administrador.

[44] Portal do Empreendedor (MEI), disponível em: <http://www.portaldoempreendedor.gov.br/>.

[45] Código Civil: art. 968. A inscrição do empresário far-se-á mediante requerimento que contenha: (...) § 3º Caso venha a admitir sócios, o empresário individual poderá solicitar ao Registro Público de Empresas Mercantis a transformação de seu registro de empresário para registro de sociedade empresária, observado, no que couber, o disposto nos arts. 1.113 a 1.115 deste Código. (Incluído pela Lei Complementar nº 128, de 2008); Art. 969. O empresário que instituir sucursal, filial ou agência, em lugar sujeito à jurisdição de outro Registro Público de Empresas Mercantis, neste deverá também inscrevê-la, com a prova da inscrição originária. Parágrafo único. Em qualquer caso, a constituição do estabelecimento secundário deverá ser averbada no Registro Público de Empresas Mercantis da respectiva sede.

passou a ser expressamente vedada para *Startups*.[46] Trata-se de mais um texto legal sem sentido e contraditório, pois a mesma lei fixa como limite da chamada comercialização experimental o teto do MEI (art. 65-A, § 10, da Lei Complementar 123/06). Fica a dúvida se o limite foi usado aleatoriamente ou se há uma contradição interna da nova lei. Em resumo, não se recomenda que os empreendedores utilizem instituto do MEI em razão da vedação legal.

2.2.2. Sobre o regime da Empresa Individual de Responsabilidade Limitada (EIRELI)

Dentre as jabuticabas brasileiras, criou-se uma terceira espécie de empreendedor solitário, porém conferiu-lhe *status* de pessoa jurídica. Desde 2011, com o advento da Lei nº 12.441, que incluiu o artigo 980-A no Código Civil, passou-se a conviver com a possibilidade de uma pessoa jurídica ser titulada por apenas um sócio.[47]

Em comparação com o empresário individual e o Microempreendedor Individual (MEI), a EIRELI apresenta uma vantagem, que é a possibilidade de limitar a responsabilidade do sócio e segregar patrimônio e obrigação da pessoa física e da pessoa jurídica. A proteção conferida tem seu preço, na medida em que o capital social da EIRELI não poderá ser inferior a 100 salários mínimos. Calculando o valor mínimo das quotas da sociedade segundo o salário mínimo vigente em 2019, observa-se que o valor inicial de integralização das quotas corresponde a R$ 99.800,00. Como boa parte dos fundadores de *Startups* são empreendedores sem muitos recursos, é pouco comum que o empreendedor individual possua esse valor disponível para conferir à EIRELI. Uma outra limitação que deve ser sinalizada é a impossibilidade do proprietário da EIRELI possuir outra EIRELI.[48]

A modalidade é nova, e as discussões estão surgindo muito recentemente. Este tipo *sui generis* de pessoa jurídica foi veículo para a realização de planejamento tributário de algumas celebridades, tendo

---

[46] LC nº 123: art. 18-A. O Microempreendedor Individual - MEI – poderá optar pelo recolhimento dos impostos e contribuições abrangidos pelo Simples Nacional em valores fixos mensais, independentemente da receita bruta por ele auferida no mês, na forma prevista neste artigo. § 4º Não poderá optar pela sistemática de recolhimento prevista no caput deste artigo o MEI: (...) V – constituído na forma de *startup*.

[47] Código Civil: art. 980-A. A empresa individual de responsabilidade limitada será constituída por uma única pessoa titular da totalidade do capital social, devidamente integralizado, que não será inferior a 100 (cem) vezes o maior salário-mínimo vigente no País. Ver Manual de Registro de EIRELE editado pela Instrução Normativa DREI nº 38/2017.

[48] Código Civil: art. 980-A. (...) § 2º A pessoa natural que constituir empresa individual de responsabilidade limitada somente poderá figurar em uma única empresa dessa modalidade.

ficado conhecido nacionalmente como a estratégia adotada pelos atletas Gustavo Kuerten,[49] Dario Conca[50] e Neymar.[51] Em todos os casos, a Receita Federal autuou os atletas sob o fundamento de que a sociedade titulada por eles nada mais seria do que uma tentativa flagrante de reduzir tributos e, portanto, deveria ser desconsiderada a estrutura societária para se tributar diretamente a pessoa física.

A prosperar esse entendimento, o artigo 980-A do Código Civil se tornaria letra morta, já que a constituição de uma sociedade de um único sócio sempre concentrará na figura do titular a maior parte das atividades e, invariavelmente, representa redução dos tributos a serem pagos em comparação com o regime da pessoa física. Sem aprofundar a discussão dado o enfoque objetivo pretendido com este manual, pode-se sinalizar que este entendimento da Receita Federal[52] já foi parcialmente rechaçado pelo Conselho Administrativo de Recursos Fiscais (CARF) e, certamente, não será confirmado nos tribunais, de modo que a utilização de pessoa jurídica para titular negócios em nome da pessoa física não será desconsiderada, fazendo valer a expressão da lei editada pelo Poder Legislativo.[53]

Importante referir que desde a edição da Lei da Liberdade Econômica (Lei n° 13.874/2019), promoveu-se alteração no Código Civil que passou a admitir sociedade limitada de apenas um sócio.[54] Considerando a exigência de capital social da EIRELI, acredita-se que esta modalidade acabe caindo em desuso.

2.2.3. Da sociedade Inova Simples (I.S.)

A Lei Complementar nº 167/2019 promoveu alterações na Lei Complementar nº 123/2006, criando o programa de apoio à inovação, chamado "Inova Simples". Em linhas gerais, o programa estabelece

---

[49] CARF, Processo nº 11516.000152/2004-51, Acórdão nº 106-17.147, julgado em 18/05/2010.

[50] CARF, Processo nº 18470.728514/2014-66, Acórdão nº 2201003.748, julgado em 05/07/2017.

[51] CARF, Processo nº 15983.720065/2015-11, Acórdão nº 2402005.703, julgado em 15/03/2017.

[52] A Receita Federal lançou a Solução de Consulta nº 8.012/2015: "A EIRELI se caracteriza efetivamente como uma pessoa jurídica e não como uma pessoa física equiparada à jurídica".

[53] Código Civil: art. 980-A. (...) § 5º Poderá ser atribuída à empresa individual de responsabilidade limitada constituída para a prestação de serviços de qualquer natureza a remuneração decorrente da cessão de direitos patrimoniais de autor ou de imagem, nome, marca ou voz de que seja detentor o titular da pessoa jurídica, vinculados à atividade profissional. § 6º Aplicam-se à empresa individual de responsabilidade limitada, no que couber, as regras previstas para as sociedades limitadas.

[54] Código Civil: art. 1.052, § 1º.

um regime especial simplificado de abertura e funcionamento de iniciativas empresariais de caráter incremental ou disruptivo.[55]

A inovação legislativa oferece, de forma pioneira, um conceito de *Startup* como já referido,[56] além de conferir um tratamento diferenciado para as empresas que se autodeclararem *startup*, propiciando um rito mais célere e menos burocrático para a empresa que optar pelo regime. Curiosamente, o Marco Legal das Startups acabou por revogar o conceito criado pelo INOVA SIMPLES.[57] É preciso registrar que o advento da Lei n° 13.874/2019 (Lei da Liberdade Econômica) acabou estendendo o rito simplificado para todas as empresas consideradas de baixo risco.[58]

A empresa enquadrada no programa de apoio INOVA SIMPLES deverá adotar obrigatoriamente a expressão "Inova Simples (I.S.)" em sua razão social.[59]

Além da abertura simplificada prometida pela nova legislação que será implementada no Portal da REDESIM, a regime especial promete integrar a abertura da empresa com o cadastro automático no Instituto Nacional da Propriedade Industrial (INPI) do conteúdo inventivo da iniciativa empresarial.[60] Trata-se de medida extraordinária, pois unifica a abertura da empresa com a proteção jurídica à inovação.

O Inova Simples previa a possibilidade de captação de recursos sem que sejam considerados renda tributável,[61] porém a norma foi revogada pelo Marco Legal das Startups.[62] O programa criava a chamada comercialização experimental dos produtos desde que observado o limite de receita fixado para o MEI.[63] Imaginava-se que a lei havia criado uma espécie de isenção tributária para as empresas Inova Sim-

---

[55] LC nº 123/06: art. 65-A. É criado o Inova Simples, regime especial simplificado que concede às iniciativas empresariais de caráter incremental ou disruptivo que se autodeclarem como startups ou empresas de inovação tratamento diferenciado com vistas a estimular sua criação, formalização, desenvolvimento e consolidação como agentes indutores de avanços tecnológicos e da geração de emprego e renda.

[56] LC nº 123/06: art. 65-A, §§ 1º e 2º.

[57] LC n° 182/2021: art. 18.

[58] O conceito de baixo risco foi definido pela Resolução nº 51, de 11 de junho de 2019, do Comitê para Gestão da Rede Nacional para Simplificação do Registro e da Legalização de Empresas e Negócios, órgão vinculado ao Ministério da Economia.

[59] LC nº 123/06: art. 65-A, § 4º, inciso II.

[60] LC nº 123/06: art. 65-A, § 7º.

[61] LC nº 123/06: art. 65-A, § 9º.

[62] LC n° 182/2021: art. 18.

[63] LC nº 123/06: art. 65-A, § 10.

ples, permitindo que a comercialização experimental não fosse tributada enquanto o volume de recursos se mantiver no patamar do MEI. Ocorre que o Marco Legal das Startups acabou por revogar o dispositivo que havia instituído o regime de comercialização experimental, pondo fim a esperança de um regime de experimentação à margem da tributação.[64]

Por fim, o programa tenta solucionar outro problema dos empreendedores do ecossistema: o fechamento da empresa inexitosa. Segundo estabelece a lei, na eventualidade de a empresa não lograr êxito, a baixa do CNPJ será automático, mediante procedimento de autodeclaração no portal da Redesim.[65]

2.2.4. Da Empresa Simples de Crédito (ESC)

A Lei Complementar nº 167, de 2019, além de criar o regime INOVA SIMPLES como acima referido, instituiu a Empresa Simples de Crédito (ESC). Como consta no novo diploma legal:

> Art. 1º A Empresa Simples de Crédito (ESC), de âmbito municipal ou distrital, com atuação exclusivamente no Município de sua sede e em Municípios limítrofes, ou, quando for o caso, no Distrito Federal e em Municípios limítrofes, destina-se à realização de operações de empréstimo, de financiamento e de desconto de títulos de crédito, exclusivamente com recursos próprios, tendo como contrapartes microempreendedores individuais, microempresas e empresas de pequeno porte, nos termos da Lei Complementar nº 123, de 14 de dezembro de 2006 (Lei do Simples Nacional).

A Empresa Simples de Crédito (ESC) poderá adotar a forma de empresa individual de responsabilidade limitada (EIRELI), empresário individual ou sociedade limitada composta exclusivamente por pessoas naturais.[66] Popularmente, a inovação legislativa foi chamada de "banqueiro individual", o que nos parece inadequado especialmente pela vedação contida no artigo 2º, § 1º, da LC nº 167. Trata-se de interessante inovação legislativa que pode vir a estimular a competitividade no concentrado mercado bancário, criando novas oportunidades de financiamento aos pequenos negócios que normalmente possuem dificuldades de acesso às grandes instituições.

O nome empresarial deverá usar a expressão "Empresa Simples de Crédito", ficando expressamente proibida a utilização da expres-

---

[64] LC nº 182/2021: art. 18.

[65] LC nº 123/06: art. 65-A, § 11.

[66] LC nº 167/2019: art. 2º.

são "banco" ou qualquer outra expressão que possa identificar com instituições dependentes de autorização do Banco Central.[67]

A lei limita as operações de crédito ao total do capital integralizado[68] que, por essa razão, deve obrigatoriamente estar completamente integralizado em moeda corrente.[69]

A criação permite que novas empresas irriguem o mercado de crédito, oferecendo financiamento de forma mais barata justamente porque possuem estrutura jurídica e modelo de negócio mais enxuto. Depositam-se nessa iniciativa grandes expectativas para fomentar o desenvolvimento econômico dos pequenos negócios.

2.2.5. Da Sociedade Limitada e a limitação da responsabilidade dos sócios

A sociedade limitada constitui-se num dos tipos societários mais comuns e, muitas vezes, considerado o mais indicado para a constituição de uma *Startup*. Essa inclinação se deve à simplicidade das regras que regem a sociedade limitada (basicamente, as disposições do Código Civil – arts. 1.052 até 1.087) e sobretudo à limitação da responsabilidade dos sócios.

Começando pela simplicidade, pode-se referir que a sociedade limitada possui algumas poucas regras previstas no Código Civil, sendo suprida eventual lacuna pelas regras que orientam a sociedade simples.[70] É facultado aos sócios, todavia, eleger a Lei das Sociedades Anônimas (Lei nº 6.404/76) como a legislação supletiva em caso de omissão do contrato social,[71] porém, dadas as características dos negócios gestados no ecossistema da *Startup*, o caráter profissional que a legislação societária impõe, muitas vezes, choca-se frontalmente com a realidade deste tipo de investimento. Portanto, as primeiras etapas de uma *Startup* certamente serão trilhadas com maior desenvoltura numa estrutura mais enxuta e simplificada que é propiciada pela sociedade limitada.

De todo modo, o atrativo principal que aponta para este tipo societário é sem dúvida a possibilidade de limitar a responsabilidade dos

[67] LC nº 167/2019: art. 2º, § 1º.

[68] LC nº 167/2019: art. 2º, § 3º.

[69] LC nº 167/2019: art. 2º, § 2º.

[70] Código Civil: art. 1.053. A sociedade limitada rege-se, nas omissões deste Capítulo, pelas normas da sociedade simples.

[71] Código Civil: art. 1.053. (...) Parágrafo único. O contrato social poderá prever a regência supletiva da sociedade limitada pelas normas da sociedade anônima.

sócios ao valor de suas quotas.[72] Consoante previsão do Código Civil, os sócios respondem até o limite de suas quotas, desde que totalmente integralizadas. Na hipótese de o sócio não ter efetivado a integralização total do capital, a responsabilidade será ilimitada. A maior parte das sociedades limitadas, ao tempo de sua constituição, estipula um capital social baixo, de modo que os seus sócios imediatamente o integralizam totalmente no ato da constituição, tornando desnecessário divagar sobre a hipótese de responsabilidade ilimitada. A solidariedade somente vem à tona quando o capital subscrito é maior que o valor integralizado pelos sócios. Nessa hipótese, todos os sócios respondem solidariamente perante os credores pela parcela não integralizada.

Abstraindo esta exceção, pode-se estabelecer que a regra geral é a limitação da responsabilidade dos sócios, de modo que os credores deverão se contentar com o patrimônio vertido na sociedade caso o negócio não seja bem-sucedido, não podendo exigir do patrimônio dos sócios a satisfação de seus créditos. Ainda que a regra possa caracterizar certa injustiça para os credores, há uma razão extremamente importante a sustentar a distinção. Como o ser humano toma decisões racionais e age segundo o regime de incentivos, é preciso que exista uma proteção para quem deseja dispor de parcela de seu patrimônio e promover o desenvolvimento de algum negócio. Desse modo, aquele que preferiu arriscar na constituição de uma *Startup* e alocou recursos, buscando trazer inovação e promover o desenvolvimento, deve ter a garantia de que o risco que está assumindo tem um limite que corresponde exatamente ao capital social subscrito.

Admitir que as sociedades não ofereçam nenhuma limitação à responsabilidade em favor dos sócios resultaria num ambiente de total desestímulo ao investimento e, por decorrência lógica, desincentivo à inovação. Esta questão é de suma importância para a compreensão daqueles que se dedicam a trabalhar com *startups*, porque nessa modalidade de negócio o risco é um elemento central. Se a distribuição dos riscos não for adequadamente alocada pelo Direito, verificar-se-á uma realocação dos recursos pelos agentes do mercado de forma a preterir o investimento nesse modelo de negócio, o que, por razões óbvias, seria extremamente prejudicial para a economia e para o desenvolvimento tecnológico do país.

Como sublinhado acima, a limitação da responsabilidade admite exceção expressamente definida pelo artigo 50 do Código

[72] Código Civil: art. 1.052. Na sociedade limitada, a responsabilidade de cada sócio é restrita ao valor de suas quotas, mas todos respondem solidariamente pela integralização do capital social.

Civil.[73] Parece óbvio que a constituição de uma *Startup* não possa servir de escudo para a prática de abusos e fraudes, assim como não se pode conceber que o rótulo de *startup* confira aos seus fundadores um *status* mais vantajoso de que aquele conferido a todo e qualquer empresário, tornando-lhes imunes a qualquer sanção. Desse modo, pode-se estabelecer que a responsabilidade nas sociedades limitadas é, e permanecerá, limitada enquanto durar o estado de normalidade de suas atividades.

Se o insucesso do negócio acarretar a insolvência, e os motivos da quebra não estiverem associados a práticas abusivas, pode-se afirmar que a responsabilidade será limitada. Por outro lado, se a quebra estiver associada a práticas abusivas por parte dos sócios e se verificar abuso ou fraude, poder-se-á cogitar da responsabilização dos sócios.

2.2.5.1. A constituição de uma sociedade limitada

A sociedade limitada é constituída pela celebração de um contrato social que deverá conter, obrigatoriamente: a qualificação dos sócios, denominação, objeto, sede, prazo, capital social, a participação de cada sócio, o administrador, a forma de participação dos sócios nos resultados e se os sócios respondem ou não subsidiariamente pelas obrigações sociais.[74]

---

[73] O Superior Tribunal de Justiça possui uma decisão paradigmática sobre o tema: CIVIL. DISSOLUÇÃO IRREGULAR DA SOCIEDADE EMPRESÁRIA. DESCONSIDERAÇÃO DA PERSONALIDADE JURÍDICA. AUSÊNCIA DE INDÍCIOS DO ABUSO DA PERSONALIDADE. ART. ANALISADO: 50, CC/02. 1. Ação de prestação de contas distribuída em 2006, da qual foi extraído o presente recurso especial, concluso ao Gabinete em 05/07/2013. 2. Discute-se se o encerramento irregular da sociedade empresária, que não deixou bens suscetíveis de penhora, por si só, constitui fundamento para a desconsideração da personalidade jurídica. 3. A criação de uma sociedade de responsabilidade limitada visa, sobretudo, à limitação para os sócios dos riscos da atividade econômica, cujo exercício, por sua vez, a todos interessa, na medida em que incentiva a produção de riquezas, aumenta a arrecadação de tributos, cria empregos e gera renda, contribuindo, portanto, com o desenvolvimento socioeconômico do País. 4. No entanto, o desvirtuamento da atividade empresarial, porque constitui verdadeiro abuso de direito dos sócios e/ou administradores, é punido pelo ordenamento jurídico com a desconsideração da personalidade jurídica da sociedade, medida excepcional para permitir que, momentaneamente, sejam atingidos os bens da pessoa natural, de modo a privilegiar a boa-fé nas relações privadas. 5. A dissolução irregular da sociedade não pode ser fundamento isolado para o pedido de desconsideração da personalidade jurídica, mas, aliada a fatos concretos que permitam deduzir ter sido o esvaziamento do patrimônio societário ardilosamente provocado de modo a impedir a satisfação dos credores em benefício de terceiros, é circunstância que autoriza induzir existente o abuso de direito, consubstanciado, a depender da situação fática delineada, no desvio de finalidade e/ou na confusão patrimonial. 6. No particular, tendo a instância ordinária concluído pela inexistência de indícios do abuso da personalidade jurídica pelos sócios, incabível a adoção da medida extrema prevista no art. 50 do CC/02. 7. Recurso especial parcialmente conhecido e, nessa parte, desprovido. (REsp 1395288/SP, Rel. Ministra Nancy Andrighi, Terceira Turma, julgado em 11/02/2014, DJe 02/06/2014)

[74] Código Civil: art. 997. A sociedade constitui-se mediante contrato escrito, particular ou público, que, além de cláusulas estipuladas pelas partes, mencionará: I – nome, nacionalidade, estado

Celebrado o contrato social com as principais deliberações, impõe-se o registro perante a Junta Comercial do respectivo Estado da federação em que a sociedade terá a sua sede.[75] Como referido, por ocasião do registro do empresário individual ou do MEI, é possível que os passos sofram alteração de acordo com as regras do respectivo Estado, mas de um modo geral, a abertura de uma sociedade limitada é precedida dos seguintes passos:

a) realizar a consulta de viabilidade: normalmente a Junta Comercial oferece acesso a um banco de dados que confere os dados do empreendedor com o uso do CPF e, em alguns Estados, o título de eleitor;

b) Preencher o cadastro sincronizado (Documento Básico de Entrada – DBE): esta etapa é realizada perante a Receita Federal;

c) Preencher a Ficha de Cadastro Nacional (FCN) e o Registro de Empresário (RE) que em alguns estados é feito de forma integrada por algum aplicativo que pode ser chamado de módulo integrador (Rio Grande do Sul), Redesimples (Goiás) ou simplesmente FCE/RE eletrônicos;

d) Emitir uma guia de arrecadação da taxa exigida pelo Estado e efetuar o pagamento;

e) Acessar o Registro Digital da Junta Comercial (quando houver) ou encaminhar a documentação em via física e impressa para a Junta Comercial mais próxima.

Após o arquivamento do contrato social na Junta Comercial e a obtenção do CNPJ perante a Receita Federal, a empresa deverá providenciar o cadastro perante a Secretaria da Fazenda do respectivo Estado, caso a atividade seja a comercialização de produtos, ou perante a Secretaria da Fazenda do Município, caso a atividade seja a prestação de serviços. Em cada um desses órgãos, há um procedimento padrão para se obter o cadastro, o que deverá ser observado pelo empreendedor.

---

civil, profissão e residência dos sócios, se pessoas naturais, e a firma ou a denominação, nacionalidade e sede dos sócios, se jurídicas; II – denominação, objeto, sede e prazo da sociedade; III – capital da sociedade, expresso em moeda corrente, podendo compreender qualquer espécie de bens, suscetíveis de avaliação pecuniária; IV – a quota de cada sócio no capital social, e o modo de realizá-la; V – as prestações a que se obriga o sócio, cuja contribuição consista em serviços; VI – as pessoas naturais incumbidas da administração da sociedade, e seus poderes e atribuições; VII – a participação de cada sócio nos lucros e nas perdas; VIII – se os sócios respondem, ou não, subsidiariamente, pelas obrigações sociais.

[75] Ver Manual de Registro do Sociedade Limitada editado pela Instrução Normativa DREI nº 38/2017.

Por fim, é necessário pleitear o cadastro junto à Prefeitura do Município em que localizada a sede da empresa, para obter o alvará de funcionamento. A depender da atividade que será desenvolvida, poder-se-á cogitar de outros órgãos estatais que exercem atividade fiscalizatória e regulatória sobre o determinado setor. Se a *Startup* dedica-se à atividade financeira, é possível que tenha que obter autorização junto ao Banco Central. Se a *Startup* é do setor de saúde, poderá necessitar de autorização da ANVISA. Para não ensejar a autuação por parte dos órgãos de fiscalização, é sempre recomendável consultar especialistas no setor, verificar as informações disponíveis nos *sites* dos órgãos e, caso ainda persista a dúvida, sempre recomendável consultar um advogado que poderá solucionar e inclusive prevenir eventuais problemas sobre questões regulatórias.

2.2.5.2. *Os sócios e as suas respectivas quotas no capital social*

O contrato social, como referido acima, deverá dispor sobre o capital social subscrito, a forma de integralização e participação de cada sócio na composição societária.[76] Esta é uma questão delicada e que deve ser refletida pelos fundadores da *Startup* no momento de estruturar o negócio, e não depois. É muito comum ver os empreendedores, tomados pelo entusiasmo e focados no desenvolvimento do seu produto, dividirem o capital social em quotas iguais, o que pode gerar um impasse decisório no futuro. Não são raros os casos em que os fundadores deliberam participações que não se refletem no instrumento contratual ou, ainda, definem critérios de bonificação ou ampliação da participação em acordos não formalizados.

É importante chamar a atenção para que toda e qualquer pactuação seja consolidada no contrato social, por mais burocrático ou formalista que isso possa parecer. A definição da composição societária tem implicações importantes nas decisões, afeta a distribuição dos resultados e pode ocasionar problemas gerenciais graves. Por essa razão é que se deve aproveitar o momento de harmonia para deliberar serenamente sobre a distribuição das quotas da sociedade, projetando as repercussões do sucesso da *Startup* e, especialmente, eventual insucesso, sob pena de se postergar para um momento futuro a solução de um tema delicado como a participação de cada sócio. Dentre tantos casos de brigas entre fundadores de *Startups*, pode-se recordar a

[76] Código Civil: art. 997.

desavença entre Mark Zuckeberger e Eduardo Saverin, além do próprio Mark e os irmãos Cameron e Tyler Winklevoss.[77]

A legislação autoriza dividir o capital social em quotas iguais ou desiguais, competindo aos sócios assim definir.[78] Essa previsão legal facilita, por exemplo, a criação de quotas com participações desiguais, de modo a viabilizar a entrada de um investidor na sociedade sem que necessariamente implique a alteração do controle da mesma. No tópico referente à captação de investimento, será analisada essa alternativa com mais detalhe.

2.2.5.3. *A administração da sociedade limitada e as deliberações dos sócios*

A decisão sobre o fundador que ficará responsável pela administração da sociedade é outra decisão importante e que repercute em vários aspectos. O Administrador de uma sociedade limitada possui autorização para tomar uma série de decisões em nome da empresa que podem levar ao sucesso ou comprometer o futuro do negócio. A nomeação do administrador pode ser indicada no próprio contrato social ou em documento apartado.[79] Na dúvida, alguns empreendedores deliberam atribuir a todos os sócios a administração da sociedade.[80] No entanto, é preciso estabelecer quais atos devem ser praticados com a assinatura de todos e quais os atos podem ser praticados isoladamente sob pena de engessar o funcionamento da sociedade.

Definir o sócio que irá desempenhar a administração tem reflexo na remuneração deste sócio, que passará a perceber pró-labore, assim que como implicará o recolhimento de imposto de renda e contribuição previdenciária sobre a respectiva remuneração.[81] Há a possibilidade de nomeação de administrador não integrante do quadro societário, o que demandará uma decisão unânime dos sócios, se as quotas não estiverem integralizadas, e de 2/3 após a integralização.[82]

As decisões rotineiras e a gestão da sociedade ficam sob os cuidados do administrador, que deverá empregar todo o zelo e diligência

[77] Caso disponível no *site*: <http://cdn.ca9.uscourts.gov/datastore/opinions/2011/04/11/08-16745.pdf>.

[78] Código Civil: art. 1.055.

[79] Código Civil: art. 1.060.

[80] Código Civil: art. 1.061, parágrafo único.

[81] PRADO, Roberta Nioac; PEIXOTO, Daniel Monteiro; DE SANTI, Eurico Marcos Diniz. *Direito societário*: estratégias societárias, planejamento tributário e sucessório. 2. ed. São Paulo: Saraiva, 2011, p. 171.

[82] Código Civil: art. 1.061, parágrafo único.

que a incumbência lhe impõe, sob pena de poder ser responsabilizado pessoalmente pelos atos praticados com excesso de poder.[83] Por esse aspecto, é preciso dimensionar o tamanho das responsabilidades e se aquele que ficar com o encargo da administração fará jus a uma remuneração diferenciada.

De outra banda, decisões mais importantes e com a capacidade de se tornarem irreversíveis precisam ser tomadas por deliberação dos sócios, conforme esclarece o artigo 1.071 do Código Civil.[84] As decisões devem ser tomadas em reunião ou assembleia (caso o número de sócios seja superior a 10) mediante convocação prévia, consoante previsão do contrato social.[85]A formalidade da convocação pode ser suprida se todos os presentes declararem terem sido informados pre-

[83] PROCESSUAL CIVIL E CIVIL. RECURSO ESPECIAL. EXECUÇÃO. DESCONSIDERAÇÃO DA PERSONALIDADE JURÍDICA. SOCIEDADE LIMITADA. SÓCIA MAJORITÁRIA QUE, DE ACORDO COM O CONTRATO SOCIAL, NÃO EXERCE PODERES DE GERÊNCIA OU ADMINISTRAÇÃO. RESPONSABILIDADE. 1. Possibilidade de a desconsideração da personalidade jurídica da sociedade limitada atingir os bens de sócios que não exercem função de gerência ou administração. 2. Em virtude da adoção da Teoria Maior da Desconsideração, é necessário comprovar, para fins de desconsideração da personalidade jurídica, a prática de ato abusivo ou fraudulento por gerente ou administrador. 3. Não é possível, contudo, afastar a responsabilidade de sócia majoritária, mormente se for considerado que se trata de sociedade familiar, com apenas duas sócias. 4. Negado provimento ao recurso especial. (REsp 1315110/SE, Rel. Ministra Nancy Andrighi, Terceira Turma, julgado em 28/05/2013, DJe 07/06/2013); PROCESSUAL CIVIL. RECURSO ESPECIAL. AÇÃO DE INDENIZAÇÃO POR DANOS MATERIAIS E COMPENSAÇÃO POR DANOS MORAIS. EMBARGOS DE DECLARAÇÃO. OMISSÃO, CONTRADIÇÃO OU OBSCURIDADE. NÃO OCORRÊNCIA. PREQUESTIONAMENTO. AUSÊNCIA. SÚMULA 282/STF. REEXAME DE FATOS. INADMISSIBILIDADE. RESPONSABILIDADE CIVIL POR ATO ILÍCITO. SÓCIOS ADMINISTRADORES. SOCIEDADE LIMITADA. SOLIDARIEDADE. DIVISIBILIDADE. COMPATIBILIDADE. (...) 6. Em regra, o administrador não tem responsabilidade pessoal pelas obrigações que contrair em nome da sociedade e em decorrência de regulares atos de gestão. Todavia, os administradores serão obrigados pessoalmente e solidariamente pelo ressarcimento do dano, na forma da responsabilidade civil por ato ilícito, perante a sociedade e terceiros prejudicados quando, dentro de suas atribuições e poderes, agirem de forma culposa. 7. Considerando-se que na hipótese dos autos ficou comprovado que todos os onze sócios eram administradores e que realizaram uma má-gestão da sociedade autora que lhe acarretou comprovados prejuízos de ordem material e que não há incompatibilidade qualquer entre a solidariedade passiva e as obrigações divisíveis, está o credor autorizado a exigir de qualquer dos devedores o cumprimento integral da obrigação, cuja satisfação não extingue os deveres dos coobrigados, os quais podem ser demandados em ação regressiva. 8. Recurso especial parcialmente provido para, reconhecendo a responsabilidade solidária dos sócios administradores, determinar o cumprimento integral por parte dos recorridos da obrigação de reparar os prejuízos materiais sofridos pela sociedade autora e reconhecidos por decisão judicial. (REsp 1087142/MG, Rel. Ministra Nancy Andrighi, Terceira Turma, julgado em 18/08/2011, DJe 24/08/2011)

[84] Código Civil: art. 1.071. Dependem da deliberação dos sócios, além de outras matérias indicadas na lei ou no contrato: I – a aprovação das contas da administração; II – a designação dos administradores, quando feita em ato separado; III – a destituição dos administradores; IV – o modo de sua remuneração, quando não estabelecido no contrato; V – a modificação do contrato social; VI – a incorporação, a fusão e a dissolução da sociedade, ou a cessação do estado de liquidação; VII – a nomeação e destituição dos liquidantes e o julgamento das suas contas; VIII – o pedido de concordata.

[85] Código Civil: art. 1.072.

viamente (art. 1072, § 2º, Código Civil) ou quando os sócios tomarem por escrito a matéria que seria deliberada na solenidade (art. 1072, § 2º, Código Civil).

É importante sinalizar para o rumo da profissionalização da sociedade e isso significa implementação de padrões mínimos de governança.[86] O tema impõe que o administrador atenda não somente as regras acima referidas, como também os deveres impostos aos administradores das sociedades anônimas pela Lei nº 6.404/76, dentre eles: dever de diligência, dever de lealdade, dever de sigilo e dever de informação.

Como dito, a definição da distribuição do capital é decisão que possui implicações relevantes, como, por exemplo, definir o *quorum* de decisões emblemáticas para o negócio. Abaixo segue um quadro esquemático com o *quorum* de deliberações definido pelo artigo 1.076 do Código Civil:

Dispositivo	Questão	Quórum
art. 1.071, V c/c art. 1.076, I	modificação do contrato social	3/4 do capital
art. 1.071, VI c/c art. 1.076, I	a incorporação, a fusão e a dissolução da sociedade, ou a cessação do estado de liquidação	3/4 do capital
art. 1.071, II c/c art. 1.076, II	escolha do administrador	1/2 do capital
art. 1.071, III c/c art. 1.076, II	destituição do administrador	1/2 do capital
art. 1.071, IV c/c art. 1.076, II	remuneração do administrador	1/2 do capital
art. 1.071, VIII c/c art. 1.076, II	pedido de recuperação judicial	1/2 do capital
art. 1.076, III		pela maioria dos votos dos resentes nos demais casos.
art. 1.072, parágrafo primeiro	casos omissos	

A assembleia ou reunião dos sócios deve-se realizar, pelo menos, uma vez por ano, para tomar as contas do administrador e deliberar sobre os demonstrativos contábeis. É importante chamar a atenção que a aprovação de um documento contábil pela assembleia desonera os administradores e o conselho fiscal (se houver), extinguindo-se em dois anos o direito de anular a aprovação assemblear.[87]

[86] LONGHI, Caio Scheunemann. Administradores de Startups, seus deveres e regime de responsabilidade. In: *Júdice*, Lucas Pimenta (org.). Direito das Startups. V. II. Curitiba: Juruá, 2017, p. 175.

[87] Código Civil: art. 1.078.

Novamente, é importante realçar que as deliberações que violarem o contrato tornam ilimitada a responsabilidade dos que expressamente aprovaram.[88] Portanto, o sócio administrador pode comprometer a sociedade e, por tal motivo, será responsabilizado.

2.2.6. Da sociedade anônima

A sociedade anônima é um tipo societário mais complexo e que reclama um nível de gestão incomum para uma *Startup*, ao menos, em sua fase inicial. Trata-se de um tipo societário regido pela Lei nº 6.404/76, que possui como característica o caráter empresarial, não se admitindo a constituição de sociedade anônima para o desenvolvimento de atividade própria de profissões regulamentadas, própria da sociedade de pessoas.[89]

Alguns autores a classificam como sociedade institucional, em contraposição às sociedades contratuais (sociedade limitada, por exemplo).[90] A distinção tem o propósito de explicitar que as relações mantidas entre a companhia e o mercado possuem um caráter mais institucional que as sociedades ditas contratuais. Nestas, a relação entre os sócios é mais próxima, e o nível de relação com o mercado é bastante restrito.

O nível de complexidade normativa nas sociedades anônimas (institucionais) é maior, porque este tipo societário tem a pretensão, por essência, de travar relações mais abrangentes, seja pela circulação das ações no mercado, seja pela possibilidade de manter no quadro societário pessoas que jamais se conheceram pessoalmente. Dadas essas características, justifica-se a preocupação do legislador em conferir maior segurança para o mercado com a definição de regras básicas para a constituição válida de uma sociedade anônima.

2.2.6.1. A constituição de uma sociedade anônima

A sociedade anônima é uma sociedade de capital por excelência, o que equivale a dizer que a figura dos sócios é menos importante que

---

[88] Código Civil: art. 1.080.

[89] PRADO, Roberta Nioac; PEIXOTO, Daniel Monteiro; DE SANTI, Eurico Marcos Diniz. *Direito societário*: estratégias societárias, planejamento tributário e sucessório. 2. ed. São Paulo: Saraiva, 2011, p. 37.

[90] Por todos, COELHO, Fabio Ulhoa. *Manual de Direito Comercial*. 23. ed. São Paulo: Saraiva, 2011, p. 141.

o capital que a companhia titula.[91] Nesta modalidade, o capital social é dividido em ações que são livremente negociadas,[92] de modo que nenhum acionista pode impedir que um terceiro estranho se apresente e adquira ações da hipotética companhia se um acionista desejar vender sua participação. A Lei das S.A. admite restrição da circulação apenas para a modalidade fechada, indicando que não se poderão utilizar motivos arbitrários para impedir que alguém se torne acionista.[93] Em razão da divisão do capital social em ações, o sócio recebe o nome da acionista.

A constituição de uma sociedade anônima é realizada pela elaboração de um estatuto da companhia e é antecedida do preenchimento de alguns requisitos estabelecidos pela LSA:[94]

i) subscrição do capital social por, ao menos, duas pessoas;

ii) realização de pelo menos 10% do valor de subscrição das ações;

iii) depósito em instituição bancária autorizada pela Comissão de Valores Mobiliários da parte do capital realizado em dinheiro.

A constituição da companhia pode se dar por subscrição pública,[95] que impõe o registro prévio da emissão das ações na Comissão de Valores Mobiliários (CVM), ou por subscrição particular, que se subdivide em deliberação em assembleia-geral ou por escritura pública.[96]

Como já referido, as particularidades de uma *Startup* não sugerem a adoção da subscrição pública, uma vez que o exercício da atividade regulatória pela CVM é extremamente rigoroso, não se compatibilizando com o elevado risco e volatilidade que notabilizam um negócio incubado em uma *Startup*.

---

[91] Natalie Witte rechaça a ideia de que o tipo sociedade anônima não deve ser utilizado num estágio inicial de uma *startup*, alertando para as vantagens em lançar mão dessa estrutura societária desde o início. WITTE, Natalie Carvalho. Desmitificando a sociedade anônima. In: *Júdice*, Lucas Pimenta. Direito das Startups. V. II. Curitiba: Juruá, 2017, p. 89.

[92] COELHO, Fabio Ulhoa. *Manual de Direito Comercial*. 23. ed. São Paulo: Saraiva, 2011, p. 211.

[93] LSA: art. 36. O estatuto da companhia fechada pode impor limitações à circulação das ações nominativas, contanto que regule minuciosamente tais limitações e não impeça a negociação, nem sujeite o acionista ao arbítrio dos órgãos de administração da companhia ou da maioria dos acionistas. Parágrafo único. A limitação à circulação criada por alteração estatutária somente se aplicará às ações cujos titulares com ela expressamente concordarem, mediante pedido de averbação no livro de "Registro de Ações Nominativas".

[94] LSA: art. 80. Ver Manual de Registro da Sociedade Anônima editado pela Instrução Normativa DREI nº 38/2017.

[95] LSA: art. 82.

[96] LSA: art. 88.

Aprovado o estatuto pela assembleia de sócios, a Junta Comercial do Estado sede da companhia exige que sejam adotadas as seguintes providências:

a) realizar a consulta de viabilidade: normalmente a Junta Comercial oferece acesso a um banco de dados que confere os dados do empreendedor com o uso do CPF e, em alguns Estados, o título de eleitor;

b) Preencher o cadastro sincronizado (Documento Básico de Entrada – DBE): esta etapa é realizada perante a Receita Federal;

c) Preencher a Ficha de Cadastro Nacional (FCN) e o Registro de Empresário (RE) que em alguns estados é feito de forma integrada por algum aplicativo que pode ser chamado de módulo integrador (Rio Grande do Sul) ou Redesimples (Goiás) ou, simplesmente, FCE/RE eletrônicos;

d) Emitir uma guia de arrecadação da taxa exigida pelo Estado e efetuar o pagamento;

e) Acessar o Registro Digital da Junta Comercial (quando houver) ou encaminhar a documentação em via física e impressa para a Junta Comercial mais próxima.

Cumpridas estas formalidades, a constituição da sociedade deve ser arquivada na Junta Comercial do respectivo estado da federação que foi definida a sede.[97]

Dentre as formalidades, um ponto que afastava os empreendedores deste tipo societário era a exigência de legal de publicação de seus atos em jornais de grande circulação.[98] Em 2019, foi publicada a Lei n° 13.818/2019 que alterou a redação da Lei das Sociedades Anônimas, ampliando a abrangência da dispensa das publicações oficiais para empresas com até 20 acionistas e patrimônio líquido de até R$ 10.000.000,00 (dez milhões de reais). Além disso, a nova lei reduziu as informações contábeis de veiculação obrigatória ao alterar a redação do artigo 289 da Lei das Sociedades Anônimas. No entanto, a eficácia da norma estava sobrestada até 1 de janeiro de 2022 por força do artigo 3° da Lei n° 13.818/2019. Ocorre que o Marco Legal das Startups alterou os artigos acima referidos para ampliar o leque de sociedades abrangidas pela simplificação. O artigo 294 da LSA passa a admitir que sociedades com receita bruta anual de até R$ 78 milhões possam realizar suas publicações de forma exclusivamente eletrônica.

[97] LSA: art. 97.

[98] LSA: art. 289, 294.

Merece destaque ainda que o Marco Legal das Startups estabeleceu o conceito de "companhia de menor porte" a qual passará a ter prerrogativas que facilitem o acesso ao mercado de capitais. Pela nova regulamentação, considera-se companhia de pequeno porte aquela que auferir receita bruta anual de até R$ 500.000.000,00 (quinhentos milhões de reais). Inseriu-se, para tanto, os artigo 294-A e 294-B na Lei das Sociedades Anônimas,[99] conferindo à CVM a prerrogativa de regulamentar a forma de acesso destas companhias ao mercado de ações.

2.2.6.2. *As sociedades anônimas aberta e fechada e as aplicações em Startup*

As sociedades anônimas classificam-se em abertas e fechadas. A diferença básica entre as duas modalidades está na negociação das ações no mercado de valores mobiliários, considerando-se aberta aquela que possui ações negociadas neste mercado.[100]

Parece evidente que o estágio inicial de uma *Startup* não recomende a constituição de uma sociedade anônima na modalidade aberta, seja pelas formalidades que cercam a aprovação perante a CVM, seja porque não se almeja estabelecer uma relação muito intensa com o mercado logo nos primeiros instantes de atividade da *Startup*.

O tipo fechado afigura-se como o mais indicado, quando a opção dos fundadores recai para a sociedade anônima, já que as formalidades são menores, e o nível de relacionamento com o mercado é mais singelo.

2.2.6.3. *As classes de ações e as aplicações em Startup*

Como já referido, a nota distintiva das sociedades anônimas é possuir o seu capital social dividido em ações, nomeando os seus fundadores pela alcunha de acionistas.[101]

Outra característica das sociedades anônimas é poder estabelecer classes de ações e, por consequência, de acionistas. Admite-se, portanto, a emissão de ações ordinárias,[102] que conferem ao seu titular o

---

[99] LC 182: art. 16.

[100] LSA: art. 4º.

[101] LSA: art. 1º.

[102] LSA: art. 16.

direito a voto, e ações preferenciais,[103] que conferem ao seu titular uma série de vantagens, mas não o autoriza a votar.

Esta segregação entre os acionistas possui uma justificativa que está associada à essência da *Startup*, qual seja: seu caráter institucional e menos pessoalizado. Assim, é possível que a sociedade deseje oferecer ao mercado a oportunidade de participar do negócio, conferindo-lhe vantagens especiais, porém não lhe autorizando a votar e interferir nos rumos do negócio. Esse tipo de acionista possui um perfil investidor, mais interessado no retorno do valor investido que o negócio pode proporcionar e menos em gerir uma nova empresa. Já o acionista ordinarista é, por regra, mais interessado em participar dos rumos do negócio e se interessa em participar das decisões da companhia.

Neste ponto, reside um aspecto importante para as *Startups*: este modelo de sociedade permite dividir o acionista que possui o interesse em apenas investir e remunerar o valor investido, daquele que realmente deseja participar dos rumos do negócio. No primeiro caso, a legislação autoriza criar uma série de incentivos para o acionista preferencialista para que a captação de investimento no mercado seja melhor sucedida. Este investidor terá claramente definidos os direitos que lhe são assegurados por lei, além daqueles conferidos pelo estatuto da companhia. Por outro lado, o acionista que deseja adquirir ações ordinárias possui a capacidade de interferir nas decisões a serem tomadas pela empresa e, dependendo do número de ações que possua, poderá exercer o controle da empresa. Como adiante será demonstrado, o controle da companhia é a chave para assumir a condução da sociedade e, em eventual negociação da empresa, obter um valor maior por suas ações, pois na hipótese de concretização da alienação do controle, ao adquirente será conferido o controle da companhia.

2.2.6.4. Valores mobiliários

Dado o caráter institucional da sociedade anônima, a constituição de uma companhia permite que os fundadores recorram ao mercado com instrumentos de investimento mais variados e sofisticados chamados de valores mobiliários.

Os valores mobiliários são títulos de investimento que a sociedade anônima está autorizada por lei a emitir. Além das ações ordinárias e ações preferenciais que representam uma parcela do capital social

[103] LSA: art. 17.

da companhia, é possível emitir debêntures,[104] partes beneficiárias,[105] bônus de subscrição[106] e nota promissória.[107]

O mercado de valores mobiliários é regulado pela Comissão de Valores Mobiliários (CVM), que possui legislação específica para admitir e autorizar a emissão de valores mobiliários pelas companhias (Lei nº 6.385/76).

Portanto, a escolha da sociedade anônima para veicular a constituição de uma *Startup* confere uma interessante gama de oportunidades de captação de recursos no mercado, favorecendo o desenvolvimento do negócio. No entanto, é preciso novamente registrar que o nível de profissionalismo necessário para a aprovação de uma emissão de valores mobiliários perante a CVM é incompatível com a grande maioria de *Startups* que se encontram na fase inicial (*early stage*). Não obstante, registra-se que o Marco Legal das Startups criou as companhias de pequeno porte que deverão ter um tratamento simplificado para acesso ao mercado de capitais, cuja regulamentação será realizada pela CVM.[108]

2.2.6.5. Conselho fiscal da sociedade anônima

Na modalidade sociedade limitada acima examinada, o Conselho Fiscal se constituía num órgão facultativo,[109] não se justificando a instauração numa sociedade tão insipiente e cercada de incertezas como são as *Startups*, já que envolve a contratação e remuneração de conselheiros fiscais, que normalmente são profissionais caros, especialmente pelos requisitos que a lei impõe.[110]

No entanto, a sociedade anônima exige a instauração de um conselho fiscal, a funcionar segundo as disposições estabelecidas no estatuto da companhia. Por regra, o conselho será composto por, no mínimo, 3 e, no máximo, 5 membros.[111] A competência do conselho fiscal envolve: (i) fiscalizar os atos dos administradores; (ii) opinar sobre o relatório da administração; (iii) opinar sobre as propostas da administração; (iv)

[104] LSA: arts. 52-74.

[105] LSA: arts. 46-51.

[106] LSA: arts. 75-79.

[107] Instrução CVM nº 566/2015.

[108] LC 182: art. 16.

[109] Código Civil: art. 1.066.

[110] LSA: art. 162. Somente podem ser eleitos para o conselho fiscal pessoas naturais, residentes no País, diplomadas em curso de nível universitário, ou que tenham exercido por prazo mínimo de 3 (três) anos, cargo de administrador de empresa ou de conselheiro fiscal.

[111] LSA: art. 161.

denunciar qualquer ato prejudicial ao interesse da companhia; (v) convocar assembleia-geral ordinária; (vi) analisar as demonstrações contábeis; (vii) analisar as demonstrações financeiras; e (viii) exercer todas as atribuições durante a liquidação da sociedade.[112]

Os membros do conselho fiscal possuem os mesmos deveres impostos aos administradores e que serão abaixo examinados,[113] respondendo pelos danos que possam vir a ser causados pela omissão de qualquer um de seus deveres.

2.2.6.6. Os controladores da sociedade anônima e suas responsabilidades

Como a sociedade anônima pode possuir ações ordinárias negociadas livremente, sendo inclusive desejável a dispersão das ações, pode parecer difícil, à primeira vista, definir quem é(são) efetivamente o(s) acionista(s) que detém(êm) o controle e está(ão) no comando da sociedade.

A legislação define como controlador a pessoa natural ou jurídica, ou o grupo de pessoas, vinculadas por acordo de voto ou sob controle comum que: (a) seja(m) titular(es) de direitos de votos que lhe assegurem, de modo permanente, a maioria de votos nas deliberações assembleares e (b) efetivamente faça uso do seu poder para dirigir as atividades sociais.[114]

O poder de controle adquirido pelo acionista confere uma série de prerrogativas, mas, ao mesmo tempo, impõe certas responsabilidades inerentes à condução de um negócio que estabelece relações com o mercado. Assim, a LSA imputa ao acionista controlador a responsabilidade pelos danos causados por atos praticados com abuso de poder.[115]

---

[112] LSA: art. 163.

[113] LSA: art. 153 e 156.

[114] LSA: art. 116.

[115] LSA: art. 117. O acionista controlador responde pelos danos causados por atos praticados com abuso de poder. § 1º São modalidades de exercício abusivo de poder: a) orientar a companhia para fim estranho ao objeto social ou lesivo ao interesse nacional, ou levá-la a favorecer outra sociedade, brasileira ou estrangeira, em prejuízo da participação dos acionistas minoritários nos lucros ou no acervo da companhia, ou da economia nacional; b) promover a liquidação de companhia próspera, ou a transformação, incorporação, fusão ou cisão da companhia, com o fim de obter, para si ou para outrem, vantagem indevida, em prejuízo dos demais acionistas, dos que trabalham na empresa ou dos investidores em valores mobiliários emitidos pela companhia; c) promover alteração estatutária, emissão de valores mobiliários ou adoção de políticas ou decisões que não tenham por fim o interesse da companhia e visem a causar prejuízo a acionistas minoritários, aos que trabalham na empresa ou aos investidores em valores mobiliários emitidos pela companhia; d) eleger administrador ou fiscal que sabe inapto, moral ou tecnicamente; e)

2.2.6.7. *Os diretores, o conselho de administração e suas responsabilidades*

A administração de uma sociedade anônima será confiada a uma diretoria executiva, admitindo-se que o estatuto estipule a constituição de um conselho de administração.[116] No entanto, as companhias abertas e aquelas de capital autorizado deverão contar com conselho de administração.[117]

O Conselho de Administração, facultativo nas sociedades limitadas e anônimas fechadas, será composto de, no mínimo, 3 membros eleitos em assembleia geral,[118] competindo-lhe: (i) fixar orientações gerais sobre os negócios da companhia; (ii) eleger e destituir a diretoria; (iii) fiscalizar a gestão dos diretores; (iv) convocar assembleia geral; (v) opinar sobre o relatório da administração; (vi) manifestar-se sobre atos e contratos; (vii) deliberar sobre a emissão de ações; (viii) autorizar a alienação de bens e (ix) escolher e destituir auditores independentes.[119] De outro lado, a Diretoria será composta por um ou mais diretores,[120] competindo-lhes praticar os atos de gestão da companhia.[121] Aqui reside uma das alterações promovidas pelo Marco Legal das Startups que reduziu o número mínimo de diretores.

Tanto o Conselho de Administração, quanto a diretoria, possuem deveres insculpidos na legislação societária que são: (a) dever de diligência;[122] (b) dever de observar e perseguir os fins sociais sem desviar;[123]

induzir, ou tentar induzir, administrador ou fiscal a praticar ato ilegal, ou, descumprindo seus deveres definidos nesta Lei e no estatuto, promover, contra o interesse da companhia, sua ratificação pela assembléia-geral; f) contratar com a companhia, diretamente ou através de outrem, ou de sociedade na qual tenha interesse, em condições de favorecimento ou não equitativas; g) aprovar ou fazer aprovar contas irregulares de administradores, por favorecimento pessoal, ou deixar de apurar denúncia que saiba ou devesse saber procedente, ou que justifique fundada suspeita de irregularidade. h) subscrever ações, para os fins do disposto no art. 170, com a realização em bens estranhos ao objeto social da companhia. § 2º No caso da alínea e do § 1º, o administrador ou fiscal que praticar o ato ilegal responde solidariamente com o acionista controlador. § 3º O acionista controlador que exerce cargo de administrador ou fiscal tem também os deveres e responsabilidades próprios do cargo

[116] LSA: art. 138.

[117] LSA: art. 138, § 2º.

[118] LSA: art. 140.

[119] LSA: art. 142.

[120] LSA: art. 143, redação alterada pela LC 182/2021.

[121] LSA: art. 144.

[122] LSA: art. 153. O administrador da companhia deve empregar, no exercício de suas funções, o cuidado e diligência que todo homem ativo e probo costuma empregar na administração dos seus próprios negócios.

[123] LSA: art. 154.

(c) dever de lealdade[124] e (d) dever de informar.[125] Compete ao administrador, seguindo a trilha do dever de informação, informar aos demais administradores quando houver um negócio que caracterize conflito de interesse, assim entendido como evento que possa conflitar o interesse pessoal do administrador com o interesse da sociedade.

O descumprimento dos deveres impostos e acima enunciados, assim como quando o administrador agir em desvio de poder,[126] são situações que ensejam a responsabilização dos administradores.[127] Desse modo, pode-se alertar que a atividade de gestão da companhia impõe um ônus de responsabilidade maior aos administradores exatamente porque se trata de uma entidade institucional que possui compromisso com a sociedade e o mercado, daí a razão para cominar obrigações e deveres aos administradores.

2.2.7. Sociedade em conta de participação

A Sociedade em Conta de Participação (SCP) é tratada pelo Código Civil como modalidade das sociedades não personificadas. Isso se deve ao fato de formalmente não possuir o *status* de pessoa jurídica e não ostentar a autonomia patrimonial e a limitação da responsabilidade que os outros tipos societários acima referidos possuem.

A outra característica da sociedade em conta de participação é a possibilidade de manter em anonimato parcela dos sócios, pois tal tipo societário não existe do ponto de vista jurídico. Todos os negócios havidos e as obrigações assumidas pela SCP são efetivamente titulados pelo chamado sócio ostensivo.[128] Por essa razão, o sócio participante é chamado por muitos de sócio oculto.

Este instituto tem sido utilizado com muita frequência no âmbito das *Startups* como forma de solucionar um problema bastante comum

---

[124] LSA: art. 155. O administrador deve servir com lealdade à companhia e manter reserva sobre os seus negócios, sendo-lhe vedado: I – usar, em benefício próprio ou de outrem, com ou sem prejuízo para a companhia, as oportunidades comerciais de que tenha conhecimento em razão do exercício de seu cargo; II – omitir-se no exercício ou proteção de direitos da companhia ou, visando à obtenção de vantagens, para si ou para outrem, deixar de aproveitar oportunidades de negócio de interesse da companhia;. III – adquirir, para revender com lucro, bem ou direito que sabe necessário à companhia, ou que esta tencione adquirir

[125] LSA: art. 157. O administrador de companhia aberta deve declarar, ao firmar o termo de posse, o número de ações, bônus de subscrição, opções de compra de ações e debêntures conversíveis em ações, de emissão da companhia e de sociedades controladas ou do mesmo grupo, de que seja titular.

[126] LSA: art. 154.

[127] LSA: art. 158.

[128] Código Civil: art. 991.

nesse ambiente de negócios: o investidor deseja injetar dinheiro na *Startup*, porém não deseja, ao menos na fase inicial, tornar-se sócio de um negócio extremamente arriscado. A SCP assegura o anonimato,[129] já que o registro da sociedade não é imposto pelo Código Civil, e eventual registro não confere personalidade jurídica à sociedade.[130] Por essa razão é que uma das formas utilizadas para viabilizar o investimento em *Startups* nas primeiras rodadas de negócios é a constituição de uma sociedade em conta de participação, onde a *Startup* será a sócia ostensiva (seja qual for o tipo societário), e a sociedade em conta de participação obrigará as partes (sócia ostensiva e sócia participante), não sendo oponível tal pacto perante terceiros.[131]

Muito embora a lei dispense a elaboração de um contrato para se provar a existência da sociedade em conta de participação,[132] parece evidente que a formalização do documento é medida imprescindível para dar seriedade ao negócio, gerar confiança no investidor e, especialmente, prevenir futuros problemas com a estipulação de cláusulas contratuais que resolvam eventual conflito futuro.

A contribuição do sócio participante e a do sócio ostensivo constituem patrimônio especial,[133] de modo que as obrigações e direitos dos sócios ostensivos que não integrem o objeto da sociedade em conta de participação não deveria se comunicar com o patrimônio da SCP. Este instrumento contratual pode ser uma solução interessante para viabilizar o investimento em *Startup*, porém é preciso ficar atento para algumas questões tributárias que serão enfrentadas no capítulo 4.

2.3. Acordo de quotistas/acionistas

O acordo de acionistas é um contrato celebrado entre os titulares de ações de uma companhia que, visando a harmonizar interesses societários com seus interesses individuais, disciplinam regras de conduta para promover o melhor interesse da sociedade.[134] Trata-se de pacto acessório ao estatuto ou contrato social, de modo que assim

---

[129] COELHO, Fabio Ulhoa. *Manual de Direito Comercial*. 23. ed. São Paulo: Saraiva, 2011, p. 178.

[130] Código Civil: art. 993.

[131] Código Civil: art. 993.

[132] Código Civil: art. 992.

[133] Código Civil: art. 994.

[134] CARVALHOSA, Modesto; EIZERIK, Nelson. *Estudos de direito empresarial*. São Paulo: Saraiva, 2010, p. 32. PIMENTA DA CUNHA, Rodrigo Ferraz. *Estrutura de interesses nas sociedades anônimas*. São Paulo: Quartier Latin, 2007, p. 318.

deve ser entendido, não podendo dispor de forma diversa ou contraditória com as normas estatutárias.[135]

O acordo de acionistas encontra respaldo legal nas disposições da Lei das Sociedades Anônimas (art. 118 da Lei nº 6.404/76), sendo admitido que se convencione também no âmbito das sociedades limitadas. A legislação societária prevê a celebração do acordo de acionistas para (a) convencionar a compra e venda de ações ou (b) para exercício do voto e/ou poder de controle,[136] sendo que o instrumento deve ser arquivado na sede da companhia.[137]

Para que as convenções formalizadas no âmbito do acordo de acionistas vinculem terceiros é imprescindível que o acordo seja levado a registro (art. 118, § 2º, LSA), autorizando que a parte prejudicada pelo descumprimento promova a execução específica das obrigações assumidas (art. 118, § 3º, LSA).

O acordo de acionista, caso mal utilizado, pode acarretar conflito com a administração da sociedade, que poderia estar sendo cerceada no exercício de suas atribuições.[138] A solução é redigir os acordos de modo que a gestão da sociedade não seja embaraçada pelo pacto celebrado por parcela dos acionistas.

São cláusulas comuns nos acordos de acionistas que versem sobre a compra e venda de ações a: *tag along, drag along, call, put, look back provision, shot gun e poison pills.*

A cláusula *tag along* está expressamente prevista no artigo 254-A da Lei nº 6.404/76. A prescrição restringe-se às companhias abertas, mas não há impedimento para que outros tipos societários a adotem. A cláusula assegura aos acionistas que não exercem o poder de controle uma garantia de que, na eventual alienação das ações do bloco de controle, seja-lhes assegurada a aquisição vantajosa pelo comprador (no caso das sociedades abertas, exige-se a oferta de aquisição das ações por 80% do valor pagos às ações do bloco controlador).

A cláusula *drag along* assegura ao controlador, caso os demais acionistas tenham assinado o acordo, que na hipótese de venda do controle, as ações dos demais acionistas serão igualmente vendidas. A

---

135 CARVALHOSA, Modesto; EIZERIK, Nelson. *Estudos de direito empresarial*. São Paulo: Saraiva, 2010, p. 32.

136 Ibidem, p. 34.

137 LSA: art. 118.

138 PRADO, Roberta Nioac; PEIXOTO, Daniel Monteiro; DE SANTI, Eurico Marcos Diniz. *Direito societário*: estratégias societárias, planejamento tributário e sucessório. 2. ed. São Paulo: Saraiva, 2011, p. 50. IBGC, Carta Diretriz 1: Independência dos Conselheiros de Administração: Melhores Práticas e o art. 118 da Lei das Sociedades Anônimas. São Paulo: IBGC, 2008.

medida evita que a venda da sociedade não se concretize por resistência de algum acionista insatisfeito ou previne que o bloco controlador necessite negociar com os demais acionistas quando decidir vender as ações da companhia.

Na mesma linha, a cláusula *call* preserva o direito do acionista integrante do pacto de adquirir a ação dos demais acionistas que igualmente celebraram o acordo. Assim, na vigência da cláusula *call*, o acionista seria obrigado a vendar a sua ação, quando a contraparte lhe oferecesse uma proposta. Como complementação da cláusula *call*, pode-se convencionar a cláusula *look back provision*, que assegura ao vendedor que se viu obrigado a vender as ações seja recompensado na hipótese das mesmas ações serem revendidas num certo espaço de tempo por um valor superior àquele que recebeu.[139]

Na cláusula *put*, os contratantes definem que a venda das ações já está previamente acertada por um valor determinado ou um critério de avaliação definido pelas partes, de modo que o acionista que desejar sair da sociedade restará protegido com a certeza da venda da sua participação.

As cláusulas que podem ser convencionadas são muitas e todas dependem das características dos negócios e, especialmente, do arranjo societário construído na sociedade. É muito comum nas *Startups*, e em parcela expressiva das empresas, um comportamento indiferente a este tipo de convenção. No entanto, a história dos empreendimentos demonstra que é muito comum se instaurar divergências sobre o momento certo para realizar a venda de ações ou até mesmo a venda de todo o negócio. Se as partes previamente estipularem condições que lhes são satisfatórias para a realização do negócio, pode-se poupar muito tempo e dinheiro com discussões que surgirão no futuro do empreendimento.

2.4. Fusões & aquisições e outras reorganizações societárias

Cada *Startup* tem uma história particular e assim também é a sua trajetória. De um modo geral, é possível identificar um certo padrão sujeito a alguns desvios. De um lado, há os casos de insucesso que acarretam dificuldades para encerrar o negócio (assunto que será

[139] PRADO, Roberta Nioac; PEIXOTO, Daniel Monteiro; DE SANTI, Eurico Marcos Diniz. *Direito societário*: estratégias societárias, planejamento tributário e sucessório. 2. ed. São Paulo: Saraiva, 2011, p. 51.

abordado mais adiante) e, de outro, há os casos de sucesso em que as *Startups* passam a chamar a atenção do mercado.

Para a trilha do sucesso, pode-se prever que alguma reorganização societária será realizada e, neste caso, virá à tona a expressão *Mergers and Acquisitions* (M&A), traduzida para a língua portuguesa como *fusões e aquisições*. Na verdade, esta expressão é empregada hoje para designar uma série de movimentos societários complexos que não se resumem apenas ao ato societário de duas ou mais empresas se unindo para formar uma terceira (fusão), nem ao genérico movimento de compra de uma sociedade (aquisição).

O movimento das empresas é explicado pela teoria da administração de empresas[140] como sendo de três ordens distintas: (a) crescimento; (b) estabilidade e (c) redução, e cada um desses movimentos subdivide-se em estratégias corporativas específicas.[141] Dentre as estratégias para implementar o movimento de crescimento, pode-se referir o movimento (a) interno; (b) a integração horizontal; a (c) diversificação horizontal relacionada e (d) não relacionada; a (e) integração vertical de empresas relacionadas e (f) não relacionadas; (g) fusões e (h) alianças estratégicas.[142] No plano da estratégia corporativa de estabilidade, pode-se destacar a otimização das estruturas atuais para consolidação e melhora na *performance* sem a injeção de capital ou outros recursos. Por fim, a estratégia corporativa de redução pode ser implementada com o movimento de "turnaround", que consiste em reduzir o tamanho da empresa com o propósito de torná-la mais enxuta, assim como pode ser colocada em prática com um plano de "desinvestimento", que pode consistir na segregação de parcela das atividades da empresa (*spin-off*).[143]

Portanto, é possível identificar que o caminho de qualquer empreendimento passa por adequá-lo e adaptá-lo às circunstâncias do mercado, de modo a torná-lo perene. Estes movimentos serão acompanhados de certos procedimentos jurídicos que merecem ser avaliados com atenção pelos empreendedores.

Não é raro que o movimento de reorganização societária gere deserções por parte de fundadores que não comunguem da mesma avaliação do negócio. Por esse motivo é que o acordo de quotista/acionista

---

[140] WRIGHT, Peter; KROLL, Mark J.; PARNELL, John A. Strategic Management: Concepts and Cases. 4. ed. New York: Pearson, 1998. MACHADO, Carolina; DAVIM, J. Paulo. *Theory and Application of Business and Management principles.* Zurique: Springer, 2016, p. 1.

[141] COUTINHO, Sérgio Mendes Botrel. *Fusões e aquisições.* 4. ed. São Paulo: Saraiva, 2016, p. 22.

[142] Idem.

[143] Idem.

é um instrumento que tem a capacidade de prevenir esse tipo de dificuldade.[144]

As razões que ensejam o movimento de fusões e aquisições são as mais variadas, podendo passar pelo ganho de escala e redução dos custos de transação; incremento no poder de mercado e até buscar vencer eventual barreira de entrada num determinado segmento; assim como promover a internacionalização da atuação do empreendimento. Há casos em que o processo de fusão e aquisição está atrelado à oportunidade de mercado, quando determinada empresa concorrente ou referência em algum segmento se encontra em dificuldade e propicia a aquisição em condições vantajosas.[145]

Enfim, avultam razões para que o negócio iniciado de forma amadora passe por uma transformação seja pela aquisição por uma sociedade mais madura, seja pela fusão com outra empresa. Para que esta etapa seja bem-sucedida, é importante que os empreendedores tenham este cenário em seu horizonte, organizando o negócio de modo a permitir extrair o máximo de vantagem numa rodada de negócios futura.

Dados os limites deste manual, não serão aprofundadas as operações societárias de fusões e aquisições de forma isolada. No capítulo seguinte, serão avaliadas as formas de investimento e alavancagem das *Startups*, e alguns procedimentos próprios destes movimentos de reorganização societária serão abordados com mais profundidade.

[144] Código Civil: art. 1.077. Quando houver modificação do contrato, fusão da sociedade, incorporação de outra, ou dela por outra, terá o sócio que dissentiu o direito de retirar-se da sociedade, nos trinta dias subseqüentes à reunião, aplicando-se, no silêncio do contrato social antes vigente, o disposto no art. 1.031.

[145] COUTINHO, Sérgio Mendes Botrel. *Fusões e aquisições*. 4. ed. São Paulo: Saraiva, 2016, p. 29-45.

3. Como financiar uma *Startup*

3.1. Financiando um novo produto ou um serviço em condições de extrema incerteza

Eric Ries, autor do livro "The Lean *Startup*", apresenta a sua definição de *Startup*, dizendo se tratar de "uma instituição humana desenhada para criar um novo produto ou serviço em condições de extrema incerteza".[146]

A definição é adequada para demonstrar que o lançamento de uma *Startup* é cercado de desafios, e o primeiro, e talvez o maior deles, é financiar a criação desse novo produto ou serviço num ambiente de elevada incerteza. Como diria Milton Friedman: "*There's No Such Thing as a Free Lunch*",[147] o que significa dizer que há um custo de oportunidade[148] que rege a alocação do dinheiro, sendo infantil imaginar que o financiamento da sua ideia brotará espontaneamente pela simples genialidade que você atribui a ela. Em outras palavras, significa dizer que o desenvolvimento de uma ideia dependerá do investimento de alguém para alavancá-lo. Por essa razão é que o financiamento de uma *Startup*, segundo expressão popular, depende de três Fs: *Family, Friends and Fouls*. Como os empreendedores de uma *Startup* normalmente não possuem um *background* que recomende o investimento de grandes grupos, assim como não possuem, via de regra, considerável patrimônio para garantir o risco do negócio, é comum que os fundadores recorram às suas famílias, aos seus amigos ou a algum maluco disposto a arriscar seu dinheiro.

A captação de investimento não é um processo simples, tampouco rápido. É preciso que os fundadores da *Startup* estejam preparados para as agruras da captação de investimento e, sobretudo, estejam

---

[146] RIES, Eric. The Lean *Startup*: How today's entreperneurs use continues innovation to create radically successful business. New York: Crown Business, 2011, p. 27.

[147] FRIEDMAN, Milton. *There's No Such Thing as a Free Lunch*, Open Court Publishing Company, 1975.

[148] COOTER, Robert; ULEN, Thomas. *Law & Economics*. 6. ed. Boston: Pearson, 2012, p. 30.

altamente preparados. Segundo pesquisa realizada com vários investidores dos mais variados perfis, a informação mais importante para o investidor quando avalia investir numa *Startup* é ter certeza que os fundadores da *Startup* conhecem profundamente o seu negócio, conhecem o mercado e seus concorrentes, possuem claramente conhecimento de como levar o seu produto para o mercado e gerar lucro, e podem facilmente explicar isto tudo para o investidor.[149]

Dessa forma, é preciso levar em consideração algumas providências que serão importantes para alcançar o sucesso na captação de recursos para a *Startup*. Em primeiro lugar, é preciso que a *Startup* possua um material (prospecto) para apresentar aos prováveis investidores. Não é crível esperar que alguém invista dinheiro em algo que sequer existe e não há nenhuma evidência da seriedade do invento. Logo, é desejável que os fundadores façam o dever de casa e apresentem de forma profissional o seu projeto.[150]

Uma segunda dica importante consiste em definir etapas, marcos para a captação de investimento. É importante ter clareza de quanto dinheiro será necessário para cada etapa, quando o dinheiro deverá ser captado e estar disponível, a importância do dinheiro e quanto tempo levará para alcançá-lo. Na língua inglesa, os empreendedores trabalham com a expressão "milestones", o que para a língua portuguesa pode ser entendido como etapas ou ciclos. Seja qual for a expressão, o importante é definir estes ciclos, mais do que pensar em datas ou prazos.[151]

Outro ponto importante consiste na escolha correta da melhor forma de investimento dentre as disponíveis. Como se demonstrará a seguir, o mercado de *Startups* evoluiu muito até mesmo no Brasil e, hoje, já existem inúmeras incubadoras, aceleradoras, investidores anjo e investimento semente. É preciso saber distinguir as diferentes formas de captação de recurso para poder avaliar qual a mais adequada para a etapa ou ciclo da sua *Startup*.

Há, ainda, uma preocupação muito importante, que é saber avaliar a *Startup*. Saber medir com algum critério o valor do negócio é peça fundamental para apresentar a criação para o mercado e especialmente para ter clareza na condução e conclusão dos negócios. Estes temas serão tratados de forma detalhadas nos tópicos abaixo.

---

[149] JONIKAS, Donatas. *Startup evolution curve*. From idea to profitable and scalable business. San Bernardino: IDEA, 2018, p. 175.

[150] Ibidem, p. 178.

[151] REUM, Courtney; REUM, Carter. *Shortcut your startup. Speed up sucess with unconventional advice from the trenches*. New York: Gallery Books, 2018, p. 125.

3.2. Definindo os ciclos ou etapas da *Startup*: pensando em *milestones*

Para aqueles que possuem alguma familiaridade com o tema *Startup*, certamente já deve ter ouvido falar no termo *milestone*. Traduzir uma expressão tão consolidada é uma tarefa difícil e talvez por essa razão muitas expressões do mundo dos negócios ainda sejam expressadas na língua que foram concebidas, e o exemplo mais eloquente é o próprio termo "*Startup*". De qualquer modo, o importante é compreender a relevância da definição dos ciclos ou etapas da captação de recursos no negócio a ser gestado.

Definir cada etapa do projeto, identificando qual será o valor necessário para produzir a ideia, etapa por etapa, traz maior solidez para a prospecção do recurso. Quanto mais detalhado e factível for o plano de desenvolvimento, maior credibilidade será transmitida para os investidores. Para a elaboração do plano, é interessante criar marcos chave para cada etapa, identificando-os por eventos, tais como: constituição da empresa, contratação de funcionários, desenvolvimento do produto, lançamento do produto, e assim por diante. Para cada evento ou ciclo, deve-se dimensionar o dinheiro necessário e o tempo para captá-lo, de modo a tornar sólida a caminhada da *Startup*.[152]

3.3. Escolhendo a melhor forma de financiamento de uma *Startup*

A captação de recurso para financiar uma *Startup*, como dito, não é uma tarefa fácil, em razão da singularidade do empreendimento. Felizmente, o mercado se profissionalizou e já existem algumas opções de financiamento, cada qual com suas vantagens e desvantagens. Basicamente, três modalidades de financiamento da *Startup* podem se apresentar, conforme quadro a seguir:

---

[152] FELD, Brad; MENDELSON, Jason. *Venture Deals*: Be Smarter Than Your Lawyer and Venture Capitalist. 3. ed. New Jersey: Willey, 2016, p. 20.

	RECURSOS PRÓPRIOS	INVESTIDORES	BANCOS
Tipo de investidor	- *Bootstrapping* - Família - Amigos - Loucos	- participação na sociedade - sociedade em conta de participação - mútuo conversível/*convertible notes*	- Financiamento bancário tradicional
Vantagens	- Melhores condições de financiamento em relação às outras opções; - Independência para os fundadores; - Menos burocracia	- Relação mais profissional; - Investidores normalmente agregam experiência e assessoria pois desejam o sucesso do dinheiro investido; - a participação na sociedade gera comprometimento entre os fundadores e os investidores;	- empréstimo bancário não compromete a distribuição acionária; - não há ingerência do banco na sociedade; - em razão da competição entre os bancos, é possível encontrar condições de financiamento competitivas.
Desvantagens	- Risco para o patrimônio investido; - Risco para as relações de amizade e familiares; - Informalidade que pode acarretar problemas contábeis e fiscais;	- essa modalidade de captação de recurso normalmente compromete as quotas/ações com um terceiro estranho; - reduz-se a autonomia; - imposição de prestar contas aos investidores;	- é o modelo de financiamento normalmente mais oneroso; - a *Startup*, nem seus sócios possuem as garantias exigidas pelos bancos, via de regra. - os contratos bancários não são flexíveis, de modo que o fluxo do financiamento pode não corresponder ao ciclo da *Startup*

O quadro acima apresenta um resumo das modalidades de captação de recursos usualmente utilizadas por uma *Startup*. Nos tópicos a seguir, cada uma delas será melhor examinada. De qualquer modo, o que se pode adiantar é que não existe uma receita pronta para todos os modelos de negócio. É preciso fazer um bom diagnóstico do ciclo de vida da *Startup*, examinar cada etapa e o capital necessário para responder qual o modelo mais indicado. Em qualquer caso, a adequada elaboração de um fluxo das etapas ou ciclos que o negócio irá trilhar é muito importante.

O ciclo de vida de uma *Startup* está diretamente associado ao correto casamento da expertise e capacidade dos fundadores em desenvolver as suas ideias e, sobretudo, ao fluxo do capital projetado para cada etapa. De um modo geral, pode-se identificar graficamente a evolução de uma *Startup* da seguinte forma:

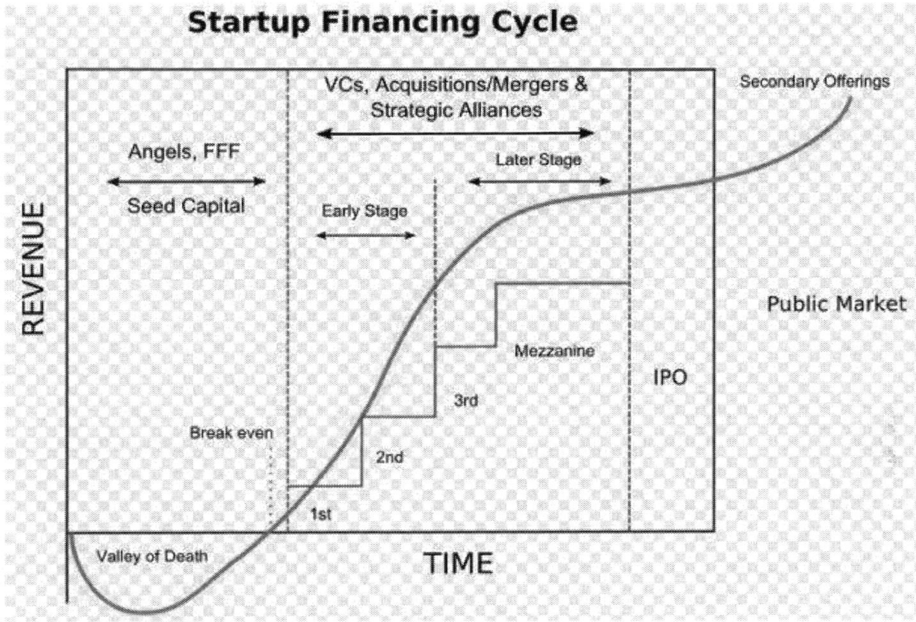

A representação gráfica acima demonstra a comparação entre o volume de capital investido em comparação no tempo. Conforme o tempo evolui, a *Startup* vai ganhando maior maturidade, e o volume de recursos investidos aumenta proporcionalmente. No entanto, é preciso atentar para o sinal descendente da curva nos primeiros momentos de vida da *Startup*. Reside naquele período o que se convencionou chamar de o "vale da morte", isso porque é naquela fase inicial que a inexperiência dos fundadores e a incapacidade para realizar adequadamente a captação de recursos pode falar alto.

Por esse motivo, não é demasiado enfatizar a necessidade de tratar seriamente a estruturação financeira da *Startup*, sob pena de condenar o negócio ao destino da esmagadora maioria de empresas que são constituídas e fechadas nos primeiros meses de existência.

3.3.1. *Bootstrapping the Startup*: iniciar o negócio com recursos próprios

A expressão inglesa "Bootstrapping" é difícil de ser traduzida para o português. Numa tentativa de tradução literal, seria algo como "calçar as próprias botas", uma vez que "strap" é o acessório que normalmente auxilia a pessoa a vestir a bota. No entanto, no ambiente dos negócios, a expressão ganhou popularidade com o Professor de Harvard Amar Bhide em artigo escrito em 1992 sob o nome: "Bootstrap Finance: The Art of Start-ups".[153] O texto controverte o senso comum da época em buscar o investimento em fundos de *Venture Capital* como se fosse a melhor e única alternativa para um negócio embrionário.

O passar do tempo tornou a expressão muito comum na língua inglesa, sendo utilizada para designar uma *Startup* iniciada com recursos dos próprios fundadores. Como referido no quadro, a vantagem de iniciar um negócio com seu próprio dinheiro é assegurar total independência na gestão do negócio, não necessitando prestar contas a ninguém, nem temer o risco do insucesso e ter que devolver o dinheiro para quem quer que seja.

Algumas vezes, começar uma *Startup* com recursos próprios ou de pessoas que emprestam o dinheiro sem qualquer condição (de novo: família, amigos e loucos) apresenta-se como a única opção, já que os fundadores não preenchem os requisitos para captação de recursos de terceiros (fundos de investimento ou bancos).

O financiamento da *Startup* com recursos próprios, ainda que os fundadores tenham dinheiro de sobra para desperdiçar, deve observar alguns cuidados sob pena de acabar desperdiçando mais recursos que estimavam estar colocando em risco.

A primeira orientação, seguindo a ordem deste manual, é constituir uma entidade separada da pessoa dos sócios como forma de segregar o patrimônio investido dos bens titulados pelos fundadores. A segunda orientação consiste em formalizar com documentos as transferências dos valores, de modo a tornar organizada a criação da *Startup* e também poder controlar e prestar contas para quem "emprestou" o dinheiro. Esta documentação poderá ser útil em eventual questionamento por parte da Receita Federal seja para a *Startup*, seja para os mutuantes.

A terceira dica consiste em avaliar e planejar as suas próprias capacidades financeiras. Ao desenvolver o ciclo de vida da sua *Startup* será possível identificar qual o capital necessário para cada etapa. É comum os fundadores iniciarem o negócio com seus próprios recursos

[153] BHIDE, Amar. *Bootstrap Finance*: The Art of Start-ups. In: Harvard Business Review, v. 70, 6, p. 109-117, Nov. 1992.

e ficarem "atados" em alguma etapa do desenvolvimento do negócio por falta de recurso e, em última análise, falta de planejamento.[154]

Por fim, por mais informal que seja o empréstimo e por mais "a fundo perdido ele tenha sido entregue", recomenda-se estabelecer um cronograma para devolução do dinheiro, com ou sem remuneração. Este procedimento será importante para as relações pessoais, será importante para as questões contábeis e fiscais, assim como emprestará maior respeitabilidade para as próximas etapas da vida da *Startup*.

3.3.2. Da *Convertible note* ao mútuo conversível em participação

Dando sequência às hipóteses de captação de recursos para a *Startup*, um modelo de financiamento muito comum nos Estados Unidos é o uso do *Convertible Note*.[155] Conhecido no mercado americano como *converts*, essa modalidade é comparável a empréstimo que pode se converter em participação societária numa futura aquisição ou alguma rodada de investimento significante.

A *convertible note* é usada por *Startups* que necessitam capital com certa urgência e seria difícil ou contraproducente realizar uma avaliação do negócio, típico procedimento exigido por qualquer fundo que venha a realizar um investimento mais pesado. Neste caso, a avaliação será deferida para um momento futuro quando a empresa já terá performado, e a conversão do mútuo em participação financeira será realizada em condições mais vantajosas para aquele investidor que apostou no negócio num momento mais inicial e incerto.[156]

No direito norte-americano, a *convertible note* evoluiu para duas modalidades, conhecidas pelos acrônimos SAFE (*Simple Agreement for Future Equity*[157]) e KISS (*Keep It Simple Securites*[158]). Em ambos os casos, são documentos relativamente simples para os padrões americanos (em torno de cinco páginas), contendo os termos básicos do investimento.

---

[154] JONIKAS, Donatas. *Startup evolution curve*. From idea to profitable and scalable business. San Bernardino: IDEA, 2018, p. 186.

[155] RANDALL S. BILLINGSLEY, A.; DAVID M. SMITH, A. Why *Do Firms Issue Convertible Debt?* Financial Management. 2, 93, 1996.

[156] FELD, Brad; MENDELSON, Jason. *Venture Deals*: Be Smarter Than Your Lawyer and Venture Capitalist. 3. ed. New Jersey: Willey, 2016, p. 107.

[157] Modelo de *convertible note* desenvolvido pela gigante Y Combinator: <http://www.ycombinator.com/>.

[158] Modelo de *convertible note* desenvolvido pela igualmente gigante 500*Startups*: <https://500.co/>.

Em 2014, a 500 *Startups*, uma empresa global de *Venture Capital*, tomou a iniciativa de colocar em prática uma inovação que pode mudar o cenário de *venture finance*. A companhia tornou aberto o seu contrato de investimento para fases iniciais chamado KISS.[159] É muito similar ao SAFE, cujo propósito segue sendo o mesmo: permitir que *Startups* recém-nascidas obtenham financiamento num curto espaço de tempo e a um custo baixo, evitando longas rodadas de negociação e avaliação que antecedem um investimento mais expressivo.

No ano seguinte, a empresa gigante de *venture capital*, Y Combinator tornou aberto seu modelo de contrato de financiamento, chamado SAFE.[160] Este instrumento normalmente dispõe de uma possibilidade de saída em caso, por exemplo, da troca do controle ou dissolução da companhia. As partes podem também negociar um limite (CAP) para a avaliação futura em conexão com a SAFE, de modo a fornecer maior proteção ao investidor. Desse modo, o investidor poderá escolher entre receber o seu investimento de volta ou convertê-lo numa avaliação com CAP. A SAFE normalmente não possui prazo de validade, o que pode ensejar a manutenção do capital sem devolução ao investidor indefinidamente.

A utilização da *convertible note* não tardou a chamar atenção dos investidores brasileiros, em que a principal preocupação de todo e qualquer investidor é tornar-se sócio de uma empresa jovem, cujos fundadores não conhecem a real capacidade de gestão, de modo que a incerteza sobre o futuro é elevada. No Brasil, agrava-se a preocupação com eventual responsabilização do sócio por dívidas da sociedade, o que deixou de ser exceção para quase se tornar a regra, como no âmbito das relações trabalhistas. Por todos estes motivos é que o investimento inicial deve ficar o mais desvinculado do negócio, de modo a permitir que o investidor tenha segurança e favoreça o fluxo de investimento.[161]

Como o negócio é de risco, para que o investimento seja realizado com segurança, seria necessário criar um instrumento que outorgasse segurança ao investidor sobre o retorno do capital e, ao mesmo tempo, não o vinculasse automaticamente ao negócio com a sua entra-

[159] Modelo de KISS disponível em: <https://500*startups*.app.box.com/s/8ybxx9y3bhk4mte50v7k>.

[160] Modelo de SAFE disponível em: <https://www.ycombinator.com/documents/>.

[161] Um interessante estudo sobre o investimento pela perspectiva da teoria da agência foi desenvolvido pelos brilhantes advogados: COELHO, Giulliano Tozzi. CAMARGO, Henrique Cabral. RIGÃO, Romulo de Oliveira. Contrato de investimento em *startup* pela ótica da teoria da agência: análise de cláusulas e a relação com os conflitos de agência. *Revista dos Tribunais*. vol. 976/2017, p. 221-239. Fev / 2017.

da no contrato social da empresa. Assim, surge no direito brasileiro o negócio jurídico chamado de "mútuo conversível em participação" ou chamado também "contrato de investimento".[162]

Este instrumento é uma figura híbrida entre um contrato de mútuo com a promessa de cessão de quotas ou ações na sociedade. Depois de várias rodadas de captação de investidores, a *Startup* finalmente encontra um investidor que se dispõe a emprestar capital na perspectiva de receber a participação na sociedade em condições mais favoráveis que qualquer fundo de investimento poderia obter. Para tanto, celebra-se este documento também chamado contrato de investimento que definirá a forma de empréstimo do dinheiro, condições para a saída do investidor e especialmente forma de conversão do investimento em participação societária. Com a publicação do Marco Legal das Startups, pôs-se um fim às discussões sobre natureza jurídica do instrumento. O artigo 5° da Lei Complementar 182/2021 estabeleceu claramente que as startups admitem o aporte de capital que poderá ou não resultar em participação social. O parágrafo primeiro do mencionado artigo dispõe que o contrato de mútuo conversível não integra o capital social, de modo que a pessoa física ou jurídica somente será considerada quotista ou acionista após a efetiva conversão do aporte em participação societária.[163]

No capítulo sobre a tributação das *Startups,* serão aprofundados alguns aspectos do contrato de investimento ou mútuo conversível à luz da legislação aplicável.

3.3.3. Investidor Anjo e Investimento Semente

Na sequência da análise das modalidades de investimento em *Startups,* pode-se examinar o Investidor Anjo e o Investimento Semente. Em que pese o instrumento para veicular o investimento na *Startup* possa ser rigorosamente o mesmo, vale dizer, o mútuo conversível ou o contrato de investimento, o exame separado desse tipo de financiamento se justifica pela *expertise* que tais investidores são capazes de agregar ao negócio.

O investidor anjo caracteriza-se por um investimento realizado por pessoa física com seu próprio patrimônio em empresas jovens com grande potencial de crescimento. Como normalmente são valores inje-

[162] COELHO, Giuliano Tozzi; GARRIDO, Luiz Gustavo. Dissecando o contrato entre *Startups* e Investidores Anjos. In: *Direito das Startups.* Lucas Judicie Pimenta e Erik Fontanele Nybo (org.). Curitiba: Juruá, 2016.

[163] LC 182/2021: art. 5°.

tados por profissionais liberais, empresários ou executivos experientes, a obtenção de um investidor anjo normalmente agrega bons relacionamentos, *expertise* ao negócio, daí a ser chamado de *smart money*.[164]

Enquanto o investimento de fundos de *Venture Capital* costuma exigir rigorosas *due diligences* e se apoia em sofisticados instrumentos de análise de risco e retorno do capital investido, o Investidor Anjo seleciona o seu investimento apoiado mais na experiência e nas relações pessoais, calcadas especialmente na confiança.[165]

Esta característica torna o investidor anjo mais próximo e vinculado às instituições locais que o *Venture Capital*, que normalmente possui características mais globais. O investidor anjo não pode ser comparado a qualquer atividade filantrópica, haja vista que busca, sem qualquer constrangimento, obter a melhor *performance* possível para o dinheiro investido. No entanto, por se tratar de pessoa física investindo em um pequeno negócio em fase inicial, as conexões tendem a ser mais próximas e promissoras.[166] Neste espectro de investidor, pode-se identificar o surgimento de um novo segmento: o super-anjo. São empreendedores que já se tornaram conhecidos e possuem alguns *cases* de sucesso como investidor anjo e, dado o seu bom relacionamento, são capazes de levantar importantes somas de dinheiro.[167]

Num nível acima do investidor anjo está o "capital semente" ou *seed capital*. Tal como a expressão permite antever, trata-se de uma semeadura para que o negócio "frutifique" e dê bons frutos. Normalmente organizados em fundos, o capital semente surge no espaço deixado pelos fundos de capital de risco (*Venture Capital*) que com o passar do tempo se desinteressam por pequenos negócios ou *Startups* de baixo nível de profissionalismo.[168] Voltado para empresas com

---

[164] DING, Z.; SUN, S.; AU, K. Angel investors' selection criteria: A comparative institutional perspective. *Asia Pacific Journal of Management*. 31, 3, 705-731, Sept. 2014. ISSN: 02174561. LANDSTRÖM, H. 1995. A pilot study on the investment decision-making behavior of informal investors in Sweden. *Journal of Small Business Management*, 33(3): 67-76. MAXWELL, A. L.; JEFFREY, S. A.; LÉVESQUE, M. 2011. Business angel early stage decision making. *Journal of Business Venturing*, 26: 212-225. SHANE, S. 2009. *Fool's gold*: The truth behind angel investing in America. New York: Oxford University Press.

[165] DUXBURY, L.; HAINES, G. H.; RIDING, A. L. 1996. A personality profile of Canadian informal investors. *Journal of Small Business Management*, 34: 44–55. SUDEK, R. 2006. Angel investment criteria. *Journal of Small Business Strategy*, 17: 89–103.

[166] Uma instituição interessante para conhecer e se aprofundar no universo do investimento anjo é a "Anjos do Brasil", cujo *site* merece ser visitado: <http://www.anjosdobrasil.net/>.

[167] FELD, Brad; MENDELSON, Jason. *Venture Deals*: Be Smarter Than Your Lawyer and Venture Capitalist. 3. ed. New Jersey: Willey, 2016, p. 11.

[168] DIMOV, D.; MURRAY, G. Determinants of the Incidence and Scale of Seed Capital Investments by Venture Capital Firms. *Small Business Economics*. 30, 2, 127-152, Feb. 2008. ISSN: 0921898X.

faturamento de até R$ 5 milhões e com foco em investimentos entre R$ 2 milhões e R$ 5 milhões, o capital semente pode ser definido como um financiamento externo aportado antes da existência de um produto real ou uma companhia organizada.[169] O Brasil já dispõe de uma série de fundos de capital semente com boa reputação no mercado, que possuem, cada qual, regras e focos de investimentos próprios.[170]

Em 2016, o Brasil passou a disciplinar o investimento anjo através da edição da Lei Complementar nº 155/2016, que acrescentou alguns dispositivos no Estatuto Nacional da Microempresa e Empresa de Pequeno Porte (Lei Complementar nº 123/06). A norma era aguardada com entusiasmo pela comunidade das *Startups* e especialmente pelo segmento de investidores anjo e semente.

Passado algum tempo, pode-se dizer que algumas disposições podem ser consideradas positivas, mas outras foram desastrosas. Fato é que há um marco legal, que precisa ser compreendido para adequada elaboração do contrato de participação disciplinado pela Lei Complementar nº 123/06.

---

[169] GOMPERS, P.; LERNER, J. 1999, *The Venture Capital Cycle*, Cambridge MA: MIT Press.

[170] Vale conferir alguns deles que são mencionados aqui apenas em caráter ilustrativo: • Criatec – Fundo de Capital Semente: O Criatec nasceu da iniciativa do BNDES e é mantido por um consórcio de gestores formado pela Antera Gestão de Recursos S.A. e pela Inseed Investimentos Ltda., do Grupo Instituto Inovação. • HorizonTI FIEEI: Com gestão e administração da SPE HorizonTI Gestão de Recursos S/A, começou as atividades em 2009 e tem foco de atuação em empresas emergentes localizadas em Belo Horizonte e região, do segmento de tecnologia da informação (TI) abrangendo *software, hardware*, automação, telecomunicações, meios de pagamento e serviços de Internet. • Novarum FMIEE: Com gestão da Jardim Botânico Partners e administração da BNY Mellon Serviços Financeiros, começou as atividades em 2005 e tem foco em investimentos em empresas em estágio inicial ligadas aos setores de telecomunicações, tecnologia da informação, desenvolvimento de novos materiais, educação e ciências da vida (incluindo biotecnologia, agronegócio, controle de poluição ao meio ambiente, e saúde). • Fundo SC FMIEEI: Com gestão da BZPlan/FIR Capital Partners e administração da FIR Capital, começou as atividades em 2010 e tem foco em investimentos em empresas de pequeno porte nos setores de tecnologia da informação e comunicação (TIC), biotecnologia, nanotecnologia, bioengenharia e outras de caráter inovador da região norte do Estado de Santa Catarina. • NascenTI: Com gestão da SPE Confrapar NascenTI e administração da Confrapar Participações e Pesquisa, tem foco em investimentos em empresas nascentes inovadoras de tecnologia da informação e comunicação (TIC). Fundo de atuação exclusiva no Estado do Rio de Janeiro. • DGF: Com gestão e administração da DGF Investimento Gestão de Fundos Ltda., tem foco em empresas inovadoras amplo senso, preferencialmente em telecomunicações, TI, tecnologia de segurança, energia renovável, negócios online (Internet/móvel), sáude e serviços, com forte potencial de crescimento orgânico. • FMIEEI Performa: Com gestão da Performa Investimentos e administração da Mellon DTVM S/A, tem foco em investimento em empresas inovadoras que atuem nas áreas de biotecnologia, nanotecnologia, aplicações médicas, cleantech e/ou serviços especializados em TI. • Cventures primus FMIEE: Com gestão da CRP Companhia de Participações e administração da Oliveira Trust Servicer S/A, tem foco em investimento em empresas inovadoras nos setores de energia, *life sciences*, tecnomídias e tecnologia da informação e comunicação.

Segundo a regulamentação, o investimento-anjo não integrará o capital social,[171] não conferirá o *status* de sócio[172] e a responsabilidade pelos atos praticados pela sociedade somente podem ser imputados aos sócios.[173]

As disposições podem ser saudadas como positivas, pois conferem segurança para o investidor que apoia o negócio, mas não está disposto a acompanhar o dia a dia da empresa e, portanto, não teria condições de assumir qualquer responsabilidade. No entanto, a legislação, ao afastar a possibilidade de o investidor anjo ter participação nas decisões da sociedade desconsidera um dos principais papéis desempenhados por este tipo de investimento que é a *expertise* que o investidor anjo pode agregar ao negócio. De todo modo, o equívoco do legislador pode ser contornado com algumas disposições contratuais que assegurem ao investidor condições de participar mais ativamente como, por exemplo, garantir a posição de um representante no conselho de administração.

Outro ponto importante é a exclusão de responsabilidade por qualquer dívida da sociedade, afastando inclusive a aplicação do artigo 50 do Código Civil, que trata da desconsideração da personalidade jurídica.[174] A previsão é importante e positiva, ficando claro que o investimento não pode resultar na criação de um liame de responsabilidade entre a *Startup* e o investidor. No entanto, a desconsideração é um fenômeno que não se limita ao Direito Civil. No âmbito do Direito do Consumidor, Direito do Trabalho e Direito Ambiental, têm ganhado prestígio teorias de responsabilização ampla. Assim, a previsão pode ser interpretada como não sendo aplicáveis a cada seara, por se tratarem de ramos especializados com legislação própria. Este não seria o melhor tratamento para o novel dispositivo, mas é preciso alertar o empreendedor sobre o risco.

O instrumento para viabilizar o investimento é chamado pelo legislador de contrato de participação que, segundo a lei, deve expressar que o investimento tem a finalidade de fomentar a inovação e investimentos produtivos e a vigência do pacto não pode ultrapassar sete anos.[175] O contrato de participação pode ser entabulado entre a

[171] LC nº 123/06: art. 61-A.

[172] LC nº 123/06: art. 61-A, § 4º, I.

[173] LC nº 123/06: art. 61-A, § 3º.

[174] LC nº 123/06: art. 61-A, § 4º, II.

[175] LC nº 123/06: art. 61-A, § 1º.

Startup e o investidor, pessoa física ou jurídica, denominado pela lei de investidor anjo.[176]

A disciplina da remuneração do investimento, dentre tantos deslizes, foi o mais desastroso. O texto da lei retira das partes a liberdade de convencionar, estabelecendo condições que podem ser consideradas desestímulos para o investidor anjo. Dentre os equívocos, pode-se começar pela limitação da remuneração dos aportes ao prazo máximo de cinco anos.[177] Procedendo à leitura conjunta da limitação acima com o limite total do contrato (sete anos) e a proibição de resgate do investimento pelo período de dois anos,[178] teremos o seguinte esquema de contratação definido pela lei:

período de carência			prazo para percepção do retorno			
1º ano	2º ano	3º ano	4º ano	5º ano	6º ano	7º ano

A regulamentação fixa, ainda, limite para a participação nos resultados distribuídos, vedando a convenção que assegurar participação superior a 50% dos lucros da sociedade.[179] Estas restrições acima comentadas aproximam o contato de participação ao instituto das partes beneficiárias, que, segundo Lei das Sociedades Anônimas, fica limitado a 10% dos lucros.[180] Ocorre que no regime das sociedades anônimas, a oferta de partes beneficiárias é um dos instrumentos de financiamento da companhia e, na forma prescrita pela Lei Complementar nº 155, o contrato de participação seria o único. De um modo geral, as regras visam a proteger a *Startup*, facilitando a negociação com investidor, pois bastará aos fundadores expor as limitações legais para definir o modelo de investimento.

No entanto, é preciso alertar para o risco de ineficiência que as "*default rules and mandatory rules*"[181] trazem para os contratos. É possível que a padronização de cláusulas, como foi a intenção do legislador, ao contrário de proteger a *Startup*, venha a desestimular o investimento.[182]

---

[176] LC nº 123/06: art. 61-A, § 2º.

[177] LC nº 123/06: art. 61-A, § 4º, III.

[178] LC nº 123/06: art. 61-A, § 7º.

[179] LC nº 123/06: art. 61-A, § 6º.

[180] LSA: art. 48, § 2º.

[181] COOTER, Robert; ULEN, Thomas. *Law & Economics*. 6. ed. Boston: Pearson, 2012, p. 292.

[182] Ibidem, p. 295.

Por fim, a legislação determina que os haveres do investidor serão apurados na forma prescrita pelo artigo 1.031 do Código Civil,[183] não podendo ultrapassar o valor investido, devidamente corrigido.[184] A referida remissão ao Código Civil conduz o intérprete às normas para apuração de haveres do sócio na hipótese de dissolução parcial da sociedade. No entanto, cria-se um problema: como apurar haveres de quem não é sócio por determinação da lei? É típico no âmbito das *Startups* que o valor aportado pelo investidor anjo supere em muitas vezes o valor do capital social da empresa. Neste caso, a apuração de haveres em balanço especialmente levantado à época da saída do investidor poderia resultar na apropriação do investidor de todo o patrimônio da sociedade. Novamente, a lei, desejando proteger o investidor anjo, acabou criando outro desestímulo quando limita ao valor investido corrigido monetariamente.[185]

As críticas acima tecidas sobre a nova legislação resultaram na alteração de alguns pontos com a edição do Marco Legal das Startups. A Lei Complementar n° 182 alterou a redação do artigo 61-A da Lei Complementar n° 123 para: (a) suavizar as restrições ao investidor-anjo, (b) ampliar o prazo do contrato de participação para sete anos, (c) conferir ao investidor-anjo a faculdade de exigir a exibição das contas aos administradores, assim como possibilitar o exame dos livros contábeis e comerciais.[186]

3.3.4. Fundos de investimento em participações: a introdução do *Venture Capital* e *Private Equity* em solo brasileiro

Duas expressões são muito conhecidas do ecossistema das *Startups*: *Venture Capital* e *Private Equity*. Estas duas expressões, em solo brasileiro, significam diferentes tipos de fundos de investimento. Os fundos de investimento são estruturas formais constituídas por uma sociedade, normalmente uma instituição financeira, que recebe os aportes dos investidores e se encarrega de fazer a gestão do fundo. O fundo é formado, portanto, pelos valores aportados pelos investido-

[183] Código Civil: art. 1.031. Nos casos em que a sociedade se resolver em relação a um sócio, o valor da sua quota, considerada pelo montante efetivamente realizado, liquidar-se-á, salvo disposição contratual em contrário, com base na situação patrimonial da sociedade, à data da resolução, verificada em balanço especialmente levantado. § 1° O capital social sofrerá a correspondente redução, salvo se os demais sócios suprirem o valor da quota. § 2° A quota liquidada será paga em dinheiro, no prazo de noventa dias, a partir da liquidação, salvo acordo, ou estipulação contratual em contrário.

[184] LC n° 123/06: art. 61-A, § 7°.

[185] LC n° 123/06: art. 61-A, § 7°.

[186] LC n° 182/21: art. 17.

res que adquirem quotas, isto é, uma parcela resultante da divisão do patrimônio total.[187]

Os fundos possuem um administrador, que é o responsável pela criação, e somente pode exercer aquele que tenha sido autorizado pela Comissão de Valores Mobiliários (CVM) a exercer a profissão de administrador de carteiras. De outro lado, há a figura do gestor de carteira, que fica responsável pelos investimentos do fundo, compondo a carteira de acordo com as características definidas pelo administrador e perfil de retorno e risco definidos para aquele fundo específico.[188]

Os fundos de investimento são instituições equiparadas a condomínio,[189] porém distinguem-se em muitos aspectos da figura prevista nos artigos 1.314 e 1.326 do Código Civil. Em 2019, foi publicada a Lei da Liberdade Econômica (Lei n° 13.874/2019). Interessa aqui fazer referência à inclusão dos artigos 1.368-C, 1.368-D e 1.368-E ao Código Civil.[190]

Possuem uma regulação própria definida pela Instrução CVM nº 555, de 17 de dezembro de 2014. O traço distintivo dos fundos é a ausência de qualquer relação ou vínculo entre os quotistas, ao contrário das entidades dotadas de personalidade jurídica que reclamam a *affectio societatis*.[191]

---

[187] FREITAS, Ricardo de Santos. *Natureza jurídica dos fundos de investimentos*. São Paulo: Quartier Latin, 2005.

[188] Instrução CVM nº 555/2014: art. 2º. COUTINHO, Sérgio Mendes Botrel. *Fusões e aquisições*. 4. ed. São Paulo: Saraiva, 2016, p. 27.

[189] Lei 4.728/65: "Art. 50. Os fundos em condomínios de títulos ou valores mobiliários poderão converter-se em sociedades anônimas de capital autorizado, a que se refere a Seção VIII, ficando isentos de encargos fiscais os atos relativos à transformação.". Instrução CVM 409, art. 2º "...uma comunhão de recursos, constituída sob a forma de condomínio, destinado à aplicação em títulos e valores mobiliários, bem como em quaisquer outros ativos disponíveis no mercado financeiro e de capitais". Na doutrina: SATIRO, Francisco. Constrição judicial sobre ativos de fundos de investimentos em participação. In TEIXEIRA, Tarcísio (org.). *Direito Empresarial* – estudos em homenagem ao professor Haroldo Malheiros Duclerc Vercosa, IASP, São Paulo, 2015, p. 561-596. EIZIRIK, Nelson; GAAL, Ariádna B.; PARENTE, Flávia; HENRIQUES, Marcus de Freitas. *Mercado de Capitais*: Regime Jurídico, 3. ed. Rio de Janeiro: Renovar, 2011. ULHOA COELHO, Fábio. *Curso de Direito Comercial*, Saraiva, São Paulo, 2013.

[190] Código Civil: "Art. 1.368-C. O fundo de investimento é uma comunhão de recursos, constituído sob a forma de condomínio, destinado à aplicação em ativos financeiros. Parágrafo único. Competirá à Comissão de Valores Mobiliários disciplinar o disposto no *caput*."; "Art. 1.368-D. O regulamento do fundo de investimento poderá, observado o disposto no regulamento a que se refere o parágrafo único do art. 1.368-C: I - estabelecer a limitação da responsabilidade de cada condômino ao valor de suas cotas; e II - autorizar a limitação da responsabilidade dos prestadores de serviços fiduciários, perante o condomínio e entre si, ao cumprimento dos deveres particulares de cada um, sem solidariedade."; "Art. 1.368-E. A adoção da responsabilidade limitada por fundo constituído sem a limitação de responsabilidade somente abrangerá fatos ocorridos após a mudança.".

[191] Instrução CVM nº 555/2014: art. 3º.

Significa dizer, portanto, que *venture capital* e *private equity* são fundos de investimento. Enquanto o *Venture Capital* caracteriza-se como um investimento arriscado (daí o nome *venture capital*), optando por investir em companhias de capital fechado, recém-criadas, normalmente resultado de ideias advindas de pesquisas científicas,[192] de outro lado, há investimentos mais estruturados e profissionalizados, mirando em sociedades mais maduras, com boas práticas de governança corporativa.[193]

O instituto "Fundo de Investimento" existe desde 1994, quando a CVM regulamentou, por meio da Instrução nº 209, pela primeira vez, o Fundo Mútuo de Investimento em Empresas Emergentes (FMIEE). Este primeiro instrumento tinha o propósito de possibilitar o investimento em pequenos negócios, inviabilizando a formação de um grupo para investir em outras modalidades de negócios. Foi então que a CVM regulamentou o Fundo de Investimento em Participações (FIP), por meio da Instrução CVM nº 391, autorizando a formação de fundos com a possibilidade de investir na aquisição de ações, debêntures, bônus de subscrição ou qualquer outro título ou valor mobiliários conversível em ação, sem qualquer restrição de tipo ou porte da empresa investida.

A evolução dos FIPs demonstrou que esse tipo de investimento pode ser muito vantajoso para a empresa investida, pois o nível de profissionalização que o gestor do fundo empresta conhecimento, *expertise* e boas práticas de governança para a sociedade que recebeu o aporte, revela-se uma interessante estratégia para elaborar um projeto de reestruturação de dívidas.

Por ser mais abrangente e mais flexível, o FIP logo passou a ser mais interessante para os investidores, resultando a edição da Instrução CVM nº 578, que acabou por extinguir a modalidade FMIEE, passando a categorizar o FIP da seguinte forma: (a) Capital Semente; (b) Empresas Emergentes; (c) Infraestrutura (FIP-IE), (d) Produção Econômica Intensiva em Pesquisa, Desenvolvimento e Inovação (FIP-PD&I); e (e) Multiestratégia. Segundo as regras, os fundos passam a ter as seguintes características:

---

[192] COUTINHO, Sérgio Mendes Botrel. *Fusões e aquisições*. 4. ed. São Paulo: Saraiva, 2016, p. 27.

[193] ENEI, José Virgílio Lopes. O capital de risco e o private equity no Brasil: a nova lógica do investimento. In: ADAMEK, Marcelo Vieira Von (coord.). *Temas de direito societário e empresarial contemporâneos*. São Paulo: Malheiros, 2011, p. 723. COUTINHO, Sérgio Mendes Botrel. *Fusões e aquisições*. 4. ed. São Paulo: Saraiva, 2016, p. 27. SAZONOV, S; *et al*. Alternative sources of business development: *Mezzanine financing*. Scientific Papers of the University of Pardubice, Series D: Faculty of Economics and Administration. 23, 37, 143-155, Jan. 1, 2016. ISSN: 18048048.

a) FIP Capital Semente: este fundo destina-se ao investimento em sociedades (anônimas ou limitadas) cuja receita bruta anual não ultrapasse R$ 16 milhões, apurada no exercício social encerrado no ano anterior ao primeiro aporte do FIP, e desde que tal limite não tenha sido ultrapassado nos últimos 03 exercícios sociais. Esse tipo de investimento é interessante para *Startups*, especialmente porque não lhe são exigidas as regras de governança corporativa impostas no artigo 8º da Instrução CVM nº 578;[194]

b) FIP Empresas Emergentes: o perfil de investimento dessa espécie de fundo é adequado para sociedades (anônimas ou limitadas) cuja receita não ultrapasse R$ 300 milhões, apurada no exercício social encerrado no ano anterior ao primeiro aporte do FIP, e desde que tal limite não tenha sido ultrapassado nos últimos 03 exercícios sociais. Tal como no FIP – Capital Semente, este tipo de fundo está dispensado de exigir das sociedades investidas as regras de governança previstas no art. 8º da Instrução em comento;[195]

c) FIP-IE e FIP-PD&I. A diferença dos fundos enquadrados nas categorias investimento em infraestrutura (IE) ou Pesquisa Desenvolvimento e Inovação (PD&I) em relação às espécies acima analisadas está a alocação do investimento em empresas identificadas com os setores descritos pelo artigo 17 da Instrução CVM, além de não possuírem qualquer limitação em relação ao porte da entidade investida;[196]

d) FIP Multiestratégia. A Instrução CVM nº 578 cria uma categoria residual para os investimentos que não se enquadrem nas categorias anteriores. A vantagem é não possuir limitação para o porte de sociedade que receberá o investimento, nem exigir investimento em setores específicos. A desvantagem é exigir que a sociedade investida observe as regras de governança indicadas no artigo 8º, o que pode ser dispensado caso a entidade destinatária do investimento se enquadre nos limites do artigo 15 ou 16 da Instrução CVM nº 578. Assim, como o próprio nome diz, o fundo caracteriza-se por permitir um leque mais amplo de investimento, seja em negócios pequenos (arts. 15 e 16), seja em negócios maiores, quando então serão exigidas as regras de governança.[197]

---

[194] Instrução CVM 578/2016: art. 15.

[195] Instrução CVM 578/2016: art. 16.

[196] Instrução CVM 578/2016: art. 17.

[197] Instrução CVM 578/2016: art. 18.

O Marco Legal das Startups trouxe um importante incentivo para o fomento do investimento de risco por meio dos fundos acima identificados. O artigo 9ª da Lei Complementar n° 182 estabelece que o investimento em pesquisa imposto às empresas que buscam incentivo fiscal amparado na Lei do Bem (Lei n° 11.196/05) e o novo marco legal de inovação (Lei n° 13.243/2016) podem ser atendidos por meio do investimento em Startup. Trata-se de uma excelente medida de promoção do investimento em negócios inovadores, desonerando as empresas de prover estruturas e setores inteiros para atendimento das normas de incentivo fiscal.

3.4. Veículos de investimento criados pelo Marco Legal das Startups

A Lei Complementar n° 182/2021, buscando regulamentar e conferir segurança para o investimento em startup, disciplinou em seu artigo 5° o tratamento legal para os veículos de investimento que passou a positivar.

A primeira disposição contida no *caput* do artigo 5° estabelece que o aporte feito por pessoa natural ou pessoa jurídica poderá ou não resultar em participação no capital social, a depender da modalidade escolhida e notadamente da disciplina contratual estabelecida no instrumento.

Dentre as modalidades de investimento que não são consideradas integrantes do capital social inicialmente, o parágrafo primeiro do artigo 5° elenca:

> I – contrato de opção de subscrição de ações ou de quotas celebrado entre o investidor e a empresa;
>
> II – contrato de opção de compra de ações ou de quotas celebrado entre o investidor e os acionistas ou sócios da empresa;
>
> III – debênture conversível emitida pela empresa nos termos da Lei nº 6.404, de 15 de dezembro de 1976;
>
> IV – contrato de mútuo conversível em participação societária celebrado entre o investidor e a empresa;
>
> V – estruturação de sociedade em conta de participação celebrada entre o investidor e a empresa;
>
> VI – contrato de investimento-anjo na forma da Lei Complementar nº 123, de 14 de dezembro 2006;
>
> VII – outros instrumentos de aporte de capital em que o investidor, pessoa física ou jurídica, não integre formalmente o quadro de sócios da startup e/ou não tenha subscrito qualquer participação representativa do capital social da empresa.

O Marco Legal das Startups estabelece que o investimento realizado nas modalidades acima reproduzidas somente atribuirá a condição de sócio ao investidor após a conversão do instrumento em participação societária.[198] Outro ponto importante é o registro contábil do aporte. A nova legislação estabelece que será contabilizado de acordo com a natureza contábil do instrumento.[199] O aporte de investimento nas modalidades acima elencadas via fundos de investimento será regulamentada pela CVM.[200]

Por fim, o Marco Legal das Startups estabelece com toda a clareza que o investimento realizado pelos instrumentos elencados no artigo 5° não outorgará o direito de voto ou gerência na administração e não sujeitará às dívidas contraídas pela sociedade.[201] Enquanto esta última disposição é benéfica e traz segurança para os investimentos, a vedação contida no artigo 8°, I, da Lei Complementar n° 182/2021 compromete a dinâmica do investimento em empresas jovens. Consiste justamente no aporte de experiência e conhecimento do investidor a grande vantagem da participação de investidor-anjo ou aceleradoras. Se a mentoria, direito de veto ou participação em deliberações sociais estão vetadas, parcela substancial do *Smart Money* acaba se perdendo. Compreende-se as razões das restrições impostas pela lei, porém a forma como redigida esvazia a importância do investimento nas fases iniciais do negócio que justamente é acompanhado de expertise e conhecimento do investidor.

3.5. Aquisição de participação societária

Seguindo a evolução das formas de investimento em *Startup*, chega-se ao exame da participação societária pura e simples. O ingresso do investidor na sociedade é uma questão delicada, especialmente em solo brasileiro, quando sabidamente alguns ramos do direito admitem a responsabilização direta do sócio (*v. g.* Justiça do Trabalho). Como uma *Startup* é, por definição, um negócio de elevada incerteza, muitos investidores relutam em figurar como sócios no contrato social de uma sociedade limitada.

[198] LC 182/21: art. 5°, § 2°.

[199] LC 182/21: art. 5°, § 3°.

[200] LC 182/21: art. 6°. Até o fechamento desta edição a CVM não havia regulamentado os investimentos em Startup via fundos.

[201] LC 182/21: art. 8°.

Para tentar acomodar a intenção do investidor em apostar no negócio e, ao mesmo tempo, não lhe conferir o *status* de sócio, foram criadas as figuras já examinadas acima: contrato de investimento, mútuo conversível em participação, etc. No entanto, quando o negócio vai ganhando maturidade, e o mercado consegue vislumbrar uma melhor perspectiva para a *Startup*, surgem os primeiros movimentos para o ingresso do investidor na condição de sócio ou acionista.

Para o ingresso de um terceiro que não integre o grupo fundador, é preciso tomar alguns cuidados para que os sócios fundadores não diluam suas participações a ponto de perderem o controle do negócio que criaram, assim como o percentual de participação do sócio investidor não pode ser tão baixo que não justifique o aporte do valor investido. Por isso, algumas questões precisam ser abordadas no sentido de esclarecer como são realizadas as acomodações no âmbito das *Startups*.

3.5.1. Investimento em sociedade limitada: quotas desiguais, quotas preferenciais e quotas em tesouraria

Como analisado acima, a maioria das *Startups* é constituída sob o regime das sociedades limitadas, pois o tipo societário oferece limitação da responsabilidade dos sócios, separação do patrimônio da empresa e dos sócios e admite a escolha do regime de tributação mais simplificado.[202]

No entanto, o regime das sociedades limitadas não permite a criação de classe de quotas, como se pode estabelecer nas sociedades anônimas. Reside aqui o problema central: como viabilizar o investimento sem criar o risco de os fundadores perderem o controle no âmbito da sociedade limitada?

O Código Civil admite a possibilidade de criação de quotas desiguais (art. 1.055),[203] porém o artigo 1.010 do mesmo diploma estabelece que quando competir aos sócios "decidir sobre os negócios da sociedade, as deliberações serão tomadas por maioria de votos, contados segundo o valor das quotas de cada um".[204] Equivale a dizer que se poderia conferir, por exemplo, ao investidor apenas uma quota que gozasse de um valor proporcional ao seu investimento, assegurando aos fundadores todas as demais quotas na expectativa de lhes garan-

[202] Será abordado no próximo capítulo.

[203] Código Civil: art. 1.055.

[204] Embora a regra do artigo 1.010 esteja inserida no tópico "sociedade simples", aplica-se às sociedades limitadas por força do artigo 1.072 do Código Civil.

tir o controle. No entanto, a regra do artigo 1.010 do Código Civil não deixa dúvidas que a deliberação não é tomada pela maioria de quotas, e sim por aquele que detiver a maior parte do capital votante.

Há quem sustente que este problema pode ser contornado com o acordo de quotista, no qual ficaria convencionado que, a despeito do volume de valor investido, as deliberações seriam tomadas pela maioria de votos, considerando o número de quotas. Em que pese seja possível celebrar esse tipo de convenção entre os quotistas,[205] dada a fragilidade da convenção, não se recomenda adotá-la.

Uma solução viável seria constituir quotas preferenciais, tal como nas sociedades anônimas, condição que confere vantagens em relação às quotas comuns, mas não oferece direito ao voto. Sobre o tema, o Departamento de Registros Empresariais e Integração (DREI) exarou Instrução Normativa nº 38/2017 posicionando-se favorável à adoção de disposição própria das sociedades anônimas, tal como a criação de quotas preferenciais.[206] Esse regime precisa ficar expresso no contrato social, fazendo alusão à prerrogativa conferida ao artigo 1.053, parágrafo único, do Código Civil e respeitando as normas da lei supletiva (Lei nº 6.404/76).

Nessa linha, seguindo a abertura conferida pela Instrução Normativa DREI nº 38/2017, poder-se-ia sugerir uma outra alternativa aos empreendedores, que seria a manutenção de algumas quotas em tesouraria.[207] Em que pese o posicionamento refratário de parcela da doutrina e até mesmo do DREI, hoje já se vislumbra uma certa tranquilidade na utilização deste expediente previsto na Lei das Sociedades Anônimas. Com efeito, a reserva de quotas em tesouraria viabilizaria o ingresso de um sócio investidor sem que fosse necessário se instaurar um dissenso na empresa sobre como deveriam ser divididas as quotas a serem vendidas.

3.5.2. Acordos e contratos de investimento: risco de caracterizar sociedade em comum

Nos capítulos anteriores, referiu-se que o investidor não deseja, via de regra, ingressar imediatamente na sociedade. Para contemplar a possibilidade de sua "aposta" dar certo e participar em futuras ro-

[205] Código Civil: art. 1.053, parágrafo único, combinado com o artigo 118 da LSA.

[206] Ver Manual de Registro da Sociedade Limitada instituído pela Instrução Normativa DREI nº 38/2017, Anexo II, p. 16.

[207] LSA: art. 30, § 1º.

dadas de negócios, o investidor celebra pactos privados de promessa de participação na sociedade.

A preocupação que precisa ser partilhada é que a criação de um vínculo que não aquele estabelecido pelo legislador poderia ocasionar a caracterização de sociedade comum (despersonalizada). Neste caso, o cenário que se gostaria de evitar se confirma: quem não gostaria de assumir o risco de se tornar sócio, passa a sê-lo.[208]

Uma forma de reduzir a exposição do investidor ao risco seria incluir uma cláusula limitativa de poderes em relação aos atos de gestão, visando a restringir a possibilidade de terceiros alcançarem o patrimônio da sociedade por atos praticados em *ultra vires societatis*. O detalhe importante é a ciência oportunizada ao terceiro, caso contrário a cláusula não seria oponível a ele.

3.5.3. Sociedade em conta de participação

O exame da sociedade em conta de participação (SCP) acima já possibilitou compreender melhor o tipo societário. No caso de participação de um investidor numa sociedade por meio da criação da SCP, ter-se-ia a figura de um sócio ostensivo e outros sócios chamados de participantes (sócio oculto).

A questão é que a sociedade em conta de participação oferece uma certa proteção ao investidor, mas não resolve o problema. Se um investidor decidir aportar valores por meio da criação de uma sociedade em conta de participação, qual seria a distribuição do capital na sociedade em conta de participação? Parece que o contrato da SCP poderá prever participação desigual, assim como distribuição desigual, pois segundo estabelece o artigo 996, a sociedade em conta de participação segue as regras do artigo 1.007 do Código Civil, que disciplina as sociedades simples.

3.5.4. Investimento em sociedade anônima

A constituição de uma *Startup* no formato de uma sociedade anônima seria a modelagem jurídica que oferece o melhor leque de opções para os fundadores e, sobretudo, para os investidores. No entanto, é sabido que as características de um negócio gestado no ecossistema de *Startup* não autorizam os sócios a estruturar o empreendimento

[208] Código Civil: art. 990. Todos os sócios respondem solidária e ilimitadamente pelas obrigações sociais, excluído do benefício de ordem, previsto no art. 1.024, aquele que contratou pela sociedade.

com este nível de sofisticação. Por essa razão, a migração da *Startup* do tipo sociedade limitada para uma companhia fechada e posteriormente aberta acaba sendo o caminho natural. A transformação do tipo societário está autorizada pelo Código Civil[209] e demandará o preenchimento de alguns trâmites burocráticos, sendo conveniente inserir a previsão de transformação no contrato social da sociedade limitada, para não gerar foco de conflito quando o momento da profissionalização chegar.[210]

O ingresso de novos acionistas numa sociedade anônima é mais simples e menos traumático que numa sociedade limita, justamente porque a criação de novas classes de ações não gera necessariamente a diluição do controle. Desse modo, a entrada de um ou vários investidores dependerá apenas da estruturação financeira que tenha sido desenvolvida para o negócio, sem nenhum trauma ou conflito. Dadas as características da sociedade anônima, é possível oferecer as ações ao público na modalidade de sociedade aberta[211] e com isso capitalizar a companhia apenas com a credibilidade que o negócio transmite ao mercado. A sociedade fechada não pode realizar oferta pública, pois não goza do requisito fundamental para realizar a oferta que é a autorização do órgão regulador: Comissão de Valores Mobiliários (CVM).[212]

Além do ingresso de novos acionistas pela venda de ações ordinárias ou preferenciais, a sociedade anônima convive com outros valores mobiliários que podem ser instrumentos interessantes de estruturação financeira do negócio.

Neste leque, pode-se começar pelos certificados de depósito de ação previsto no artigo 43 da Lei nº 6.404/76. Esse valor mobiliário nada mais é do que o certificado de que determinada ação está depositada, custodiada em uma instituição financeira. A emissão desse título ganhou popularidade com a expressão em inglês *Brazilian Depositary Receipt* (BDR) que uma vez emitida no Brasil pela instituição depositária, passa a ser comercializado no exterior. A regulamentação do BDR foi estabelecida pela Instrução CVM nº 322/2000, classificando-os em diferentes níveis, segundo o tipo de companhia, campanha de emissão e nível de governança corporativa.

A legislação societária admite ainda a criação e emissão de "Partes beneficiárias" que são títulos negociáveis sem valor nominal e não

---

[209] Código Civil: arts. 1.113 a 1.115.

[210] Código Civil: art. 1.114.

[211] LSA: art. 4º.

[212] LSA: art. 4º, § 1º, e art. 1º da Lei nº 6.385/76.

atrelados ao capital social.[213] A aquisição do título confere ao seu titular um direito de crédito em relação à companhia, além de poder participar da distribuição dos lucros[214] e conversão em ações, desde que tenha sido criado em balanço reserva para esta finalidade,[215] limitado a 10% dos lucros.[216]

Além das partes beneficiárias, a companhia pode emitir debêntures que assegurarão aos seus titulares direito de crédito contra a sociedade nos termos da escritura de emissão.[217] As debêntures conferem ao titular o direito de escolher receber o pagamento do principal e acessórios, quando do vencimento, amortização ou resgate, em moeda ou em bens avaliados nos termos do art. 8º da Lei 6.404/76.[218] Podem ser concedidos aos debenturistas a remuneração por juros fixos ou variáveis, participação no lucro da companhia, além de prêmio de reembolso.[219] Esta gama de opções oportuniza a obtenção de recursos no mercado em condições favoráveis e será tão mais exitosa a oferta pública de debêntures quanto mais sólidos forem os fundamentos da companhia.

Podem-se elencar também os "Bônus de subscrição" como modalidade de captação de recursos no mercado. Os bônus de subscrição são títulos negociáveis emitidos pela companhia, que conferem aos seus titulares, nas condições constantes do certificado, o direito de subscrever ações do capital social da companhia, dentro do limite de capital autorizado no estatuto.[220] A emissão está limitada ao aumento de capital autorizado pelo estatuto[221] e, uma vez emitido, outorgará o direito ao titular de subscrever ações do capital social com o pagamento do preço de emissão das ações.

Todos estes valores mobiliários podem ser negociados no mercado de balcão e também na Bolsa de Valores, caso tenham recebido autorização da CVM. No entanto, o crivo para a concessão da autorização será rigoroso, exigindo da companhia a observância de padrões mínimos que assegurem confiabilidade da oferta ao grande público.

---

[213] LSA: art. 46. A companhia pode criar, a qualquer tempo, títulos negociáveis, sem valor nominal e estranhos ao capital social, denominados "partes beneficiárias".

[214] LSA: art. 46, § 1º.

[215] LSA: art. 48, § 2º.

[216] LSA: art. 48, § 2º.

[217] LSA: art. 52.

[218] LSA: art. 54, § 2º.

[219] LSA: art. 56.

[220] LSA: art. 75.

[221] LSA: art. 168.

Reside aqui, talvez, a linha de corte entre um empreendimento insipiente a incerto de um negócio profissional. O bem jurídico tutelado pela CVM é a higidez do mercado e, por decorrência, a segurança dos investidores, o que é justamente a antítese de uma *Startup*. Portanto, o lançamento de ações ao público de uma companhia, autorizada pela CVM é, por certo, o atestado que *Startup* atingiu a "maioridade" e já não pode mais ser chamada de *Startup* ou promessa.

3.5.5. O contrato de *Vesting*

No ambiente das *Startups*, é comum a celebração de um contrato de *Vesting*, que significa a promessa de entrega de ações ao contratado depois de ocorridos os eventos previstos no instrumento.

O contrato de *vesting* visa a resolver dois problemas muito comuns no ambiente de *Startups*. O primeiro é a situação do fundador que por qualquer motivo se distanciou do negócio, mas em condições normais de constituição de uma empresa, continua sendo sócio com o mesmo número de quotas ou ações. Não parece justo com os fundadores que permaneceram a frente do negócio ter que dividir o resultado do sucesso com quem não se envolveu na construção do negócio.

O segundo problema é a forma de recrutar talentos e colaboradores no início do negócio. A dificuldade é ainda maior se o foco da *Startup* for o desenvolvimento de *software* e/ou tecnologia. Dada a profusão de empresas de tecnologias e o nível de profissionalismo de algumas, alguns perfis de profissionais são atraídos por excelentes remunerações que a *Startup* não pode oferecer na sua fase inicial. Para motivar a contratação de colaboradores e se tornar atraente no mercado, algumas *Startups* oferecem a participação no negócio com a oferta de quotas ou ações.

Ocorre que simplesmente entregar as ações sem que o colaborador tenha iniciado o trabalho e demonstrado engajamento para merecer a participação societária é muito arriscado. Por esse motivo é que o contrato de *vesting se* revela extremamente útil. Dessa forma, o contrato é estruturado com a definição de um prazo ou *milestones* para a verificação do atingimento da meta e concessão do direito de "vestir" a participação societária. A lógica do contrato é exigir que o colaborador alcance o "cliff" (período) definido no contrato. Normalmente os contratos de *vesting* estipulam um *cliff* de um ano, período em que o colaborador deve permanecer na empresa para garantir o direito de "vestir" a primeira parcela da sua participação societária. Depois podem ser fixadas metas ou *milestones* sucessivas para o colaborador alcançar, quando lhe serão oportunizadas as chances de *vestir* as demais parcelas de participação na sociedade.

O contrato pode prever a cláusula de aceleração do *cliff*, o que permitirá ao colaborador "vestir" a sua participação societária se um evento incerto ocorrer antes, como por exemplo, a aquisição da sociedade ou a fusão com outra empresa. Há, ainda, as cláusulas denominadas *good leaver* e *bad leaver*, que dispõem sobre a forma como o colaborador sairá da empresa. Se o colaborador executou um bom trabalho e deixou a empresa satisfeita, poderá fazer uso da cláusula *good leaver* e retirar-se com o valor da sua participação segundo o valor de mercado (o que tende a ser mais vantajoso). De outro lado, se o colaborador não obteve um bom desempenho, a cláusula *bad leaver* dispõe que ele somente receberá o valor da participação contratada.

3.6. *Crowdfunding*

O mercado das *Startups* propiciou a criação de uma nova figura para viabilizar o investimento. Por meio de plataformas digitais, os empreendedores lançam suas ideias no mercado e buscam pessoas interessadas em ajudar e apostar no negócio, mediante a oferta de participação no negócio ou por meio da promessa de converter o dinheiro emprestado em participação.

É uma opção de financiamento inspirada na velha e conhecida "vaquinha", em que pessoas identificadas com a proposta ou dispostas a ajudar os fundadores, oferecem aportes de capital. Se a modalidade escolhida pelos empreendedores consiste na compra de participação na sociedade, tem-se o que se chama de *Equity Crowdfunding*.

Surgiu nos últimos tempos no Brasil uma série de plataformas de financiamento coletivo (*crowdfunding*), e a grande maioria operava num ambiente de extrema insegurança, pois não se sabia se a modalidade de financiamento poderia ser considerada uma oferta pública e, portanto, deveria se submeter à regulação da CVM ou se estava diante de um outro instituto a reclamar regras próprias. Muitos dos modelos existentes baseavam-se na Instrução CVM nº 400, de 2003, para justificar a dispensa do registro da oferta.

No entanto, em 14 de julho de 2017, a CVM editou a Instrução CVM nº 588, que passou a regular o mercado do *crowdfunding*.[222]

[222] Instrução CVM nº 588: art. 1º Esta Instrução regula a oferta pública de distribuição de valores mobiliários de emissão de sociedades empresárias de pequeno porte realizada com dispensa de registro por meio de plataforma eletrônica de investimento participativo, e tem por fim assegurar a proteção dos investidores e possibilitar a captação pública por parte destas sociedades.

Segundo a CVM, considera-se *crowdfunding* a "captação de recursos por meio de oferta pública de distribuição de valores mobiliários dispensada de registro, realizada por emissores considerados sociedades empresárias de pequeno porte nos termos desta Instrução, e distribuída exclusivamente por meio de plataforma eletrônica de investimento participativo, sendo os destinatários da oferta uma pluralidade de investidores que fornecem financiamento nos limites previstos nesta Instrução".[223]

No sistema de *crowdfunding* regulamentado pela CVM, tem-se a figura da "plataforma" que corresponde a uma pessoa jurídica autorizada a funcionar como "plataforma eletrônica de investimento participativo", para veicular ao público a oferta de participação em sociedades empresárias de pequeno porte.[224] De outro lado, há a sociedade que está captando o investimento e se utilizando da plataforma, denominada pela Instrução de "sociedade empresária de pequeno porte".[225]

Assim, pode-se valer do mecanismo de *crowdfunding* no Brasil, aquela empresa que não tenha uma receita superior a R$ 10.000.000,00 (dez milhões de reais), apurada no exercício social anterior à oferta[226] ou a proporção deste valor corresponde ao número de meses de atividade.[227]

A oferta pública via *crowdfunding* possui um limite anual de captação fixado em R$5 milhões, não podendo se estender por mais de 180 dias, podendo ser captado em uma ou mais ofertas, respeitado o prazo de 120 dias entre uma e outra.[228] Há, ainda, um limite de aporte para cada investidor no valor de R$ 10.000,00 (dez mil reais) por ano, admitidas algumas exceções previstas na Instrução CVM nº 588/2017.[229]

[223] Instrução CVM nº 588: art. 2º, I.

[224] Instrução CVM nº 588: art. 2º, II.

[225] Instrução CVM nº 588: art. 2º, III.

[226] Instrução CVM nº 588: art. 2º, III.

[227] Instrução CVM nº 588: art. 2º, § 2º.

[228] Instrução CVM nº 588: art. 3º.

[229] Instrução CVM nº 588: art. 4º.

4. Aspectos tributários das *Startups*

4.1. O sistema tributário brasileiro e a delimitação da abordagem

Dentre os muitos desafios a serem vencidos pelos fundadores de *Startups*, seguramente, a tributação é um deles. A dificuldade não se limita apenas ao dever de recolher os tributos devidos, mas, sobretudo, a compreensão de um sistema tributário complexo e recheado de armadilhas.

As dificuldades começam pelo elevado peso da carga tributária, em que o país ocupa a posição à frente das nações mais desenvolvidas, e continuam com a tarefa diária de cumprir com as obrigações tributárias, também chamado de custo de estar em conformidade com o sistema tributário nacional e denominado "tax compliance cost"[230] pela doutrina estrangeira.[231]

Dados os limites deste ensaio, e para não perder o caráter de manual, não se poderá dar a profundidade necessária para compreender completamente o sistema tributário brasileiro. Nessa tarefa inglória de eleger o essencial dentre um emaranhado de normas tributárias, decidiu-se priorizar (a) as modalidades de tributação da renda das empresas e quais as sociedades que podem escolhê-las, (b) a tributação da circulação de bens e prestação de serviços e (c) alguns aspectos tributários do investimento e transações societárias inerentes.

[230] LANG, Michael; OBERMAIR, Christine; SCHUCH, Josef; STARINGER, Claus; WENINGER, Patrick. *Tax compliance costs for companies in an enlarged European Community*. Boston: Wolters Kluwer, 2008, p. 449.

[231] É possível dizer que ao lado se pode falar de três tipos de cargas decorrentes da tributação: (a) a carga tributária acima referida; (b) custo de eficiência que pode variar de acordo com o peso morto da tributação e o custo marginal, gerando distorções no mercado e (c) os custos de operação do sistema tributário que se subdivide em duas categorias: (c1) custo administrativo ou custo de arrecadação atribuído aos entes estatais encarregados de tributar e (c2) o custo despendido pelo contribuinte em cumprir suas obrigações tributárias. Ibidem, p. 449.

4.2. A relação das modalidades de tributação com os tipos societários e estágios do investimento

A tributação das sociedades pode ser dividida em cinco modalidades distintas, a depender do regime jurídico do empreendimento escolhido pelos fundadores. Neste momento, imbricam-se os temas tratados no capítulo 2 com a tributação ora abordada. Assim, se os empreendedores elegeram não constituir sociedade alguma (repita-se: não é a estratégia recomendada), a tributação ocorrerá na pessoa natural dos fundadores, seguindo as regras de tributação dos rendimentos da pessoa física. Se a *Startup* decidiu constituir uma entidade, a legislação tributária passa a oferecer cinco regimes distintos de tributação que passarão a ser abordados nos tópicos abaixo.

4.2.1. Tributação dos rendimentos da pessoa física

Como alertado reiteradamente, não se recomenda o desenvolvimento de qualquer atividade empresarial no Brasil em torno da pessoa física dos sócios. Não bastassem os riscos do negócio e a possibilidade de comprometer o patrimônio, a tributação dos rendimentos das pessoas físicas pode-se caracterizar num pesado encargo para quem estiver em conformidade com a tributação ou, na pior hipótese, pode-se tornar um pesadelo para quem não cumpriu as exigências tributárias e veio a ser autuado pela Receita Federal do Brasil.

Feito o alerta, é preciso explicar que a tributação das pessoas naturais (pessoa física para a Receita Federal) é orientada pelo artigo 43 do Código Tributário Nacional, disposições da Lei nº 7.713/89 e Regulamento do Imposto de Renda (RIR – Decreto nº 9.580/2018).

Segundo as regras do Imposto de Renda, tributa-se a renda considerada como fruto do capital, do trabalho ou da combinação de ambos.[232] Os valores recebidos pelo desenvolvimento de uma *Startup* e o retorno que o negócio gera aos seus fundadores é, sem dúvida alguma, renda tributável e, por esse motivo, deve ser oferecido à tributação quando do momento do seu recebimento.[233] Então, o contribuinte pode ter desenvolvido uma *Startup* de venda de algum produto[234] ou estar recebendo *royalties* pelo desenvolvimento de uma invenção ou marca explorada.[235] Assim, todo o valor recebido pela venda dos

[232] Código Tributário Nacional: arts. 43, I, e 37 do RIR.

[233] RIR: art. 34, parágrafo único.

[234] RIR: arts. 36 e 38.

[235] RIR: art. 45.

produtos é considerado rendimento tributável e deve ser recolhido pelo programa oferecido pela Receita Federal chamado "carnê-leão".[236]

Dentre as deduções admitidas pela legislação tributária, estão a contribuição previdenciária para o regime geral[237] e a escrituração de livro caixa.[238] Assim, a base de cálculo consistirá nos rendimentos recebidos no mês, deduzidos os valores acima referidos.

O recolhimento mensal na sistemática do carnê-leão deve observar as alíquotas progressivas do Imposto de Renda, conforme a tabela abaixo:

Base de cálculo (R$)	Alíquota (%)	Parcela a deduzir do IRPF (R$)
Até 1.903,98	-	-
De 1.903,99 até 2.826,65	7,5	142,80
De 2.826,66 até 3.751,05	15	354,80
De 3.751,06 até 4.664,68	22,5	636,13
Acima de 4.664,68	27,5	869,36

Fonte: Receita Federal do Brasil[239]

Há, ainda, a possibilidade de o fundador do negócio vender a sua ideia ou alienar algum produto desenvolvido ou bem que tenha criado. Nessa hipótese, em se apurando diferença entre o valor de custo do bem ou produto e o valor da venda, considerará ocorrido o fato gerador do imposto de renda incidente sobre o ganho de capital[240] que será exigido sobre o resultado da subtração referida na seguinte tabela progressiva, segundo artigo 21 da Lei nº 8.981/95 com a redação conferida pela Lei nº 13.259/2016:

> Art. 21. O ganho de capital percebido por pessoa física em decorrência da alienação de bens e direitos de qualquer natureza sujeita-se à incidência do imposto sobre a renda, com as seguintes alíquotas:

---

236 RIR: art. 118. Fica sujeita ao pagamento mensal do imposto sobre a renda a pessoa física que receber de outra pessoa física, ou de fontes situadas no exterior, rendimentos que não tenham sido tributados na fonte, no País, tais como (Lei nº 7.713, de 1988, art. 8º, e Lei nº 9.430, de 1996, art. 24, § 2º, inciso IV). Instrução Normativa RFB nº 1.694/2017

237 Lei nº 9.250: art. 4º e RIR: art. 67.

238 Lei nº 8.134, de 1990: art. 6º; Lei nº 9.250, de 1995: art. 4º, inciso I e RIR: art. 68.

239 Tabela disponível no *site* oficial da Receita Federal: <http://idg.receita.fazenda.gov.br/acesso-rapido/tributos/irpf-imposto-de-renda-pessoa-fisica>. O Governo Federal apresentou Projeto de Lei (PL nº 2.337/2021) que propõe a atualização da tabela de incidência do Imposto de Renda. Até o fechamento desta edição não havia sido aprovado o texto.

240 Lei nº 8.981/95, com as alterações promovidas pela Lei nº 13.259/2016.

I – 15% (quinze por cento) sobre a parcela dos ganhos que não ultrapassar R$ 1.000.000,00 (um milhão de reais);

II – 20% (vinte por cento) sobre a parcela dos ganhos que exceder R$ 1.000.000,00 (um milhão de reais) e não ultrapassar R$ 5.000.000,00 (cinco milhões de reais);

III – 25% (vinte e cinco por cento) sobre a parcela dos ganhos que exceder R$ 5.000.000,00 (cinco milhões de reais) e não ultrapassar R$ 20.000.000,00 (vinte milhões de reais); e

IV – 30% (trinta por cento) sobre a parcela dos ganhos que ultrapassar R$ 20.000.000,00 (vinte milhões de reais).

A contribuição obrigatória para a Previdência do contribuinte individual se dá no percentual de 20% sobre o salário-contribuição.[241] Logo, a perspectiva da incidência dos referidos tributos já é motivo suficiente para evitar a manutenção da informalidade do negócio. Há, ainda, o risco do fisco estadual e/ou municipal decidir tributar as vendas do negócio por meio da incidência do ICMS (caso sejam realizadas vendas de mercadorias) ou ISSQN (caso seja realizada a venda de serviços). Em qualquer dos casos, a fiscalização aplicará multa pela ausência de inscrição regular, acrescida da multa pela ausência de recolhimento, o que pode tornar ainda mais onerosa a atividade recém-iniciada.

4.2.2. Tributação do MEI

A escolha da modalidade Microempreendedor Individual (MEI) é, talvez, dentre todas as alternativas, a penúltima no *ranking* de custo-benefício. Não se compara com a total informalidade que resultaria em não tomar providência alguma (contribuinte pessoa física), pois possui uma tributação certa e bem mais razoável.

O Microempreendedor Individual (MEI)[242] obtém registro no CNPJ e passa a ser autorizado a emitir nota fiscal, o que afasta o risco acima aludido da fiscalização estadual ou municipal lavrar autuação com a cominação de multa.

No plano da tributação, o MEI é tributado em valores fixos em reais, independentemente da sua receita,[243] na seguinte proporção:

---

[241] Lei nº 8.212/91: art. 20.

[242] LC nº 123: art. 18-A. O Microempreendedor Individual – MEI poderá optar pelo recolhimento dos impostos e contribuições abrangidos pelo Simples Nacional em valores fixos mensais, independentemente da receita bruta por ele auferida no mês, na forma prevista neste artigo.

[243] Art. 18-A. (...). § 3º (...): V. Os valores informados estavam vigentes à época da elaboração do texto (fevereiro de 2018).

a) R$ 45,65 (quarenta e cinco reais e sessenta e cinco centavos), a título da Contribuição para a Seguridade Social, relativa à pessoa do empresário, na qualidade de contribuinte individual;

b) R$ 1,00 (um real), a título do imposto referido no inciso VII do *caput* do art. 13 desta Lei Complementar, caso seja contribuinte do ICMS; e

c) R$ 5,00 (cinco reais), a título do imposto referido no inciso VIII do *caput* do art. 13 desta Lei Complementar, caso seja contribuinte do ISS.

O recolhimento dos valores acima são feitos uma única vez ao mês, tornando isento o MEI de recolher os tributos previstos no artigo 13, incisos I ao VI,[244] conforme expressamente refere o artigo 18-A, § 3º, inciso VI, ambos da Lei Complementar nº 123.

Para que o empreendedor opte por essa modalidade, é necessário se enquadrar na limitação de receita anual no patamar de R$ 81.000,00 ou R$ 6.750,00 por mês.[245] Como já referido, a Lei Complementar nº 123/06 foi alterada pela Lei Complementar nº 167/2019 (INOVA SIMPLES), que passou a proibir que *Startup* adotem o MEI (art. 18-A, § 4º, V).

4.2.3. Tributação no regime INOVA SIMPLES

A Lei Complementar nº 167, de 2019, alterou a Lei Complementar nº 123/2006 (Lei do Simples), instituindo o regime especial simplificado chamado "INOVA SIMPLES".

O enquadramento no regime é obtido por meio de autodeclaração do empresário como "startup", muito embora o conceito jurídico

[244] LC nº 123: art. 13. O Simples Nacional implica o recolhimento mensal, mediante documento único de arrecadação, dos seguintes impostos e contribuições: I – Imposto sobre a Renda da Pessoa Jurídica – IRPJ; II – Imposto sobre Produtos Industrializados – IPI, observado o disposto no inciso XII do § 1º deste artigo; III – Contribuição Social sobre o Lucro Líquido – CSLL; IV – Contribuição para o Financiamento da Seguridade Social – COFINS, observado o disposto no inciso XII do § 1º deste artigo; V – Contribuição para o PIS/Pasep, observado o disposto no inciso XII do § 1º deste artigo; VI – Contribuição Patronal Previdenciária – CPP para a Seguridade Social, a cargo da pessoa jurídica, de que trata o art. 22 da Lei nº 8.212, de 24 de julho de 1991, exceto no caso da microempresa e da empresa de pequeno porte que se dedique às atividades de prestação de serviços referidas no § 5º-C do art. 18 desta Lei Complementar;

[245] LC nº 123: art. 18-A. (...).§ 1º Para os efeitos desta Lei Complementar, considera-se MEI o empresário individual que se enquadre na definição do art. 966 da Lei nº 10.406, de 10 de janeiro de 2002 – Código Civil, ou o empreendedor que exerça as atividades de industrialização, comercialização e prestação de serviços no âmbito rural, que tenha auferido receita bruta, no ano-calendário anterior, de até R$ 81.000,00 (oitenta e um mil reais), que seja optante pelo Simples Nacional e que não esteja impedido de optar pela sistemática prevista neste artigo. § 2º No caso de início de atividades, o limite de que trata o § 1º será de R$ 6.750,00 (seis mil, setecentos e cinquenta reais) multiplicados pelo número de meses compreendido entre o início da atividade e o final do respectivo ano-calendário, consideradas as frações de meses como um mês inteiro.

restrinja o enquadramento segundo as definições constantes no artigo 65-A da Lei Complementar nº 123/06.

A nova legislação cria o conceito de *Startup* incremental, definindo-a como voltada a aperfeiçoar algo que já existe; e apresenta o conceito de *Startup* disruptiva como aquela destinada e focada em desenvolver algo totalmente novo.

Seja uma "*startup* incremental", seja uma "*startup* disruptiva", é certo que ambas atuaram num cenário de extrema incerteza, o que veio a ser reconhecido pelo próprio legislador.[246] Neste contexto, é natural que o empreendedor necessite lançar seu MVP para buscar a validação no mercado de forma experimental, o que veio a ser igualmente encampado pela legislação brasileira, vale reproduzir:

> Art. 65-A. (...) § 2º As startups caracterizam-se por desenvolver suas inovações em condições de incerteza que requerem experimentos e validações constantes, inclusive mediante comercialização experimental provisória, antes de procederem à comercialização plena e à obtenção de receita.

Se é verdade que será necessário experimentar, validar e eventualmente "pivotar", parece igualmente natural que tais experimentações não sejam tratadas como vendas ordinárias.

Reside neste ponto a grande inovação trazida pelo legislador. Criou-se o conceito tributário de "comercialização experimental provisória", estabelecendo que durante o processo de experimentação e validação do projeto as vendas não são consideradas comercializações plenas, nem geram receita.

Este período de validação costuma ser breve e determinará o sucesso do negócio ou o encerramento do projeto. Na hipótese de sucesso do projeto, a empresa deverá naturalmente sair do regime e passar a tributar normalmente seu faturamento. Ocorre que o legislador não estabeleceu um prazo.

Há um limite para o faturamento para que as vendas sejam consideradas experimentais. Conforme consta no artigo 65-A, § 10, da Lei Complementar nº 123/06, a comercialização experimental não pode ultrapassar o limite fixado para o enquadramento no MEI.

No entanto, o Marco Legal das Startups promoveu a revogação do regime.[247] A medida que teria a capacidade de gerar um grande estímulo foi extinta sem que nunca tivesse sido efetivamente regulamentada. Trata-se de um dos pontos negativos do marco legal e que não gerou nenhum repúdio por parte da opinião pública.

---

[246] LC nº 123/06: art. 65-A, § 2º.

[247] LC nº 182/21: art. 18.

4.2.4. Tributação no regime do SIMPLES

O regime de tributação simplificada instituído pela Lei Complementar nº 123/2006 (Estatuto Nacional da Microempresas e da Empresa de Pequeno Porte) é um regime de concentração de vários tributos em torno de uma única arrecadação, impondo ao contribuinte o pagamento de um valor apurado com base na receita, multiplicada pela alíquota do seu ramo de atividade e faixa de receita.

Para aderir ao regime do *simples*, o negócio deve ter as seguintes características:

> Art. 3º Para os efeitos desta Lei Complementar, consideram-se microempresas ou empresas de pequeno porte, a sociedade empresária, a sociedade simples, a empresa individual de responsabilidade limitada e o empresário a que se refere o art. 966 da Lei nº 10.406, de 10 de janeiro de 2002 (Código Civil), devidamente registrados no Registro de Empresas Mercantis ou no Registro Civil de Pessoas Jurídicas, conforme o caso, desde que:
>
> I – no caso da microempresa, aufira, em cada ano-calendário, receita bruta igual ou inferior a R$ 360.000,00 (trezentos e sessenta mil reais); e
>
> II – no caso de empresa de pequeno porte, aufira, em cada ano-calendário, receita bruta superior a R$ 360.000,00 (trezentos e sessenta mil reais) e igual ou inferior a R$ 4.800.000,00 (quatro milhões e oitocentos mil reais).

A Lei Complementar nº 123 elenca quais os tributos que estão incluídos no recolhimento do *simples*:

> Art. 13. O Simples Nacional implica o recolhimento mensal, mediante documento único de arrecadação, dos seguintes impostos e contribuições:
>
> I – Imposto sobre a Renda da Pessoa Jurídica – IRPJ;
>
> II – Imposto sobre Produtos Industrializados – IPI, observado o disposto no inciso XII do § 1º deste artigo;
>
> III – Contribuição Social sobre o Lucro Líquido – CSLL;
>
> IV – Contribuição para o Financiamento da Seguridade Social – COFINS, observado o disposto no inciso XII do § 1º deste artigo;
>
> V – Contribuição para o PIS/Pasep, observado o disposto no inciso XII do § 1º deste artigo;
>
> VI – Contribuição Patronal Previdenciária – CPP para a Seguridade Social, a cargo da pessoa jurídica, de que trata o art. 22 da Lei nº 8.212, de 24 de julho de 1991, exceto no caso da microempresa e da empresa de pequeno porte que se dedique às atividades de prestação de serviços referidas no § 5º-C do art. 18 desta Lei Complementar;
>
> VII – Imposto sobre Operações Relativas à Circulação de Mercadorias e Sobre Prestações de Serviços de Transporte Interestadual e Intermunicipal e de Comunicação – ICMS;
>
> VIII – Imposto sobre Serviços de Qualquer Natureza – ISS.

Não estão incluídos no regime do *simples*, consoante vedação expressa da lei, os seguintes tributos:

> Art. 13. (...). § 1º. (...):
>
> I – Imposto sobre Operações de Crédito, Câmbio e Seguro, ou Relativas a Títulos ou Valores Mobiliários – IOF;
>
> II – Imposto sobre a Importação de Produtos Estrangeiros – II;
>
> III – Imposto sobre a Exportação, para o Exterior, de Produtos Nacionais ou Nacionalizados – IE;
>
> IV – Imposto sobre a Propriedade Territorial Rural – ITR;
>
> V – Imposto de Renda, relativo aos rendimentos ou ganhos líquidos auferidos em aplicações de renda fixa ou variável;
>
> VI – Imposto de Renda relativo aos ganhos de capital auferidos na alienação de bens do ativo permanente;
>
> VII – Contribuição Provisória sobre Movimentação ou Transmissão de Valores e de Créditos e Direitos de Natureza Financeira – CPMF;
>
> VIII – Contribuição para o Fundo de Garantia do Tempo de Serviço – FGTS;
>
> IX – Contribuição para manutenção da Seguridade Social, relativa ao trabalhador;
>
> X – Contribuição para a Seguridade Social, relativa à pessoa do empresário, na qualidade de contribuinte individual;
>
> XI – Imposto de Renda relativo aos pagamentos ou créditos efetuados pela pessoa jurídica a pessoas físicas;
>
> XII – Contribuição para o PIS/Pasep, Cofins e IPI incidentes na importação de bens e serviços;
>
> XIII – ICMS: substituição tributária, diferencial de alíquota, antecipação e importação;
>
> XIV – ISS: substituição tributária ou retenção na fonte e importação de serviços;
>
> XV – demais tributos de competência da União, dos Estados, do Distrito Federal ou dos Municípios, não relacionados nos incisos anteriores.

Dentre os regimes de tributação possíveis, o regime do SIMPLES é o mais benéfico para empresas em estágio inicial de desenvolvimento, pois autoriza a adesão de vários tipos societários (art. 3º, *caput*, Lei Complementar nº 123/06), permitindo que os fundadores obtenham proteção do patrimônio pessoal, além de franquear alíquotas menores que o regime de tributação padrão oferece, conforme será analisado abaixo.

Apesar das vantagens, muitas *Startups* não adotavam o regime simplificado porque até a edição da Lei Complementar nº 155/2016, não havia tratamento para o investimento anjo e especialmente porque o aporte de investimento anjo ou financiamento semente resultaria na exclusão da sociedade do regime simplificado.

Com a publicação da Lei Complementar nº 155, que acrescentou novos dispositivos à Lei Complementar nº 123/06 (Lei do SIMPLES), o investimento anjo passou a gozar de regulamentação. As novas disposições expressamente referem que o investimento não outorga o *status* de sócio ao investidor (algo que é desejado pelos investidores),[248] assim como refere que o aporte não integra o capital social.[249] A modificação ainda refere que o investimento não entra no cômputo da receita para efeitos de enquadramento ou desenquadramento no SIMPLES.[250]

A novidade estava sendo esperada pelo mercado das *Startups* como uma inovação legislativa positiva e que estimularia o surgimento de novos negócios, além de conferir segurança ao segmento. No entanto, a lei cometeu alguns equívocos e acabou deixando o caminho aberto para a regulamentação pela Receita Federal.

O primeiro equívoco cometido foi elaborar uma cláusula aberta, conferindo poder regulamentar à Receita Federal.[251] Se, de um lado, é certo que o recebimento de renda tributável enseja a incidência da tributação e imporia o dever da Receita Federal exigir os tributos devidos, por outro lado, poder-se-ia colher da oportunidade da modificação da lei do simples para tornar a tributação mais benéfica para este tipo de investimento. Como o legislador se omitiu, a Receita Federal passou a regulamentar a lei complementar segundo o seu entendimento.

A regulamentação do investimento-anjo que era para ser saudada como positiva, passou a sofrer severas críticas desde a edição da Instrução Normativa nº 1.719/2017. A regulamentação da Receita Federal passou a equiparar a tributação dos rendimentos ajustados no contrato de investimento com a tributação dos rendimentos de aplicação em fundos de investimento de curto e longo prazos.

Ocorre que a tributação dos rendimentos de aplicação em fundos de investimento possui legislação específica. A Lei nº 9.779/99 define o âmbito de incidência da tributação:

> Art. 5º Os rendimentos auferidos em qualquer aplicação ou operação financeira de renda fixa ou de renda variável sujeitam-se à incidência do imposto de renda na fonte, mesmo no caso das operações de cobertura (hedge), realizadas por meio de operações de swap e outras, nos mercados de derivativos.

---

[248] LC nº 123: art. 61-A, § 4º, I.

[249] LC nº 123: art. 61-A.

[250] LC nº 123: art. 61-A, § 5º e art. 61-B.

[251] LC nº 123: art. 61-A, § 10º

Curiosamente, a Receita Federal regulamentou a tributação das aplicações financeiras a partir da modificação das alíquotas implementadas pela Lei nº 11.033/2004. Com efeito, a Instrução Normativa RFB nº 1.585, de 2015, define o tipo de aplicação financeira sujeita à incidência de alíquotas regressivas do imposto de renda[252] e expressamente exclui algumas formas de investimento.[253]

Aos efeitos de analisar o equívoco cometido pela Receita Federal ao editar a IN SRF nº 1.719/2017, vale registrar que a IN SRF nº 1.585/2015 afastava do regime de tributação regressiva do imposto de renda os fundos de investimento em participações (FIP).[254] Estes fundos são, segundo regulamentação da CVM, os veículos para investimento em *Startup*.[255]

Significa dizer que a um só tempo a IN SRF nº 1.719/2017 contraria Instrução Normativa por ela própria editada (IN SRF nº 1.585/2015), contraria a regulamentação da CVM (Instrução CVM nº 588/2016) e, o que é mais grave, desconsidera a previsão contida no artigo 5º da Lei nº 9.779/99.

Pode-se dizer que a regulamentação foi desastrosa por equiparar modalidades distintas de investimento, tornando inseguro o que até pouco tempo era relativamente certo e criando um regime de incentivos voltados para desestimular o investimento-anjo, considerado vital para o ecossistema das *Startups*.

Merece destaque a permissão trazida pela Lei Complementar n° 182/2021 que passou a admitir o aporte de capital em empresas de pequeno porte, conforme regulamentação a ser levada a efeito pela CVM.[256] Como o Marco Legal das Startups estabeleceu que o investimento não integra o capital social (art. 5°) e em seu artigo 17 confere nova redação à Lei do Simples (Lei Complementar n° 123/03), pode-se afirmar que viabilizou-se o aporte de investimento sem que gere o desenquadramento do regime privilegiado.

4.2.5. Tributação no regime do lucro presumido

Na trilha da classificação adotada, passa-se a examinar o quarto regime de tributação de uma *Startup*. Dentre todas as hipóteses, este

[252] Instrução Normativa RFB nº 1.585: art. 1º.

[253] Instrução Normativa RFB nº 1.585: art. 2º.

[254] Instrução Normativa RFB nº 1.585: art. 2º, VI e VII.

[255] Instrução CVM 578/2016: arts. 15 a 18.

[256] LC 182/21: art. 17. Até o fechamento desta edição não havia sido editada a regulamentação referida.

tende a ser o regime mais recomendável para a maioria das sociedades.

Isso porque a adoção do regime de tributação pelo lucro real, considerado o mais vantajoso do ponto de vista tributário, é também o mais caro e complexo para ser implementado, o que não se amolda à realidade dos empreendimentos em estágio inicial. Por outro lado, o regime de tributação do simples, que poderia trazer menos complexidade e menor tributação, acaba sendo não recomendado para aqueles empreendedores que pretendem escalar o negócio e estarem aptos a receber investimento.

Dessa forma, a tributação pelo lucro presumido, apesar de não ser a ideal, acaba sendo mais adequada para os primeiros *milestones*. Importante referir que a escolha do regime de tributação pelo lucro presumido é irretratável durante todo o exercício fiscal.[257] Assim, se o projeto de financiamento da *Startup* prevê uma rodada de captação de investimento mais sofisticado dentro do exercício, seria recomendável avaliar a conveniência de adaptar o negócio e migrar a tributação para o lucro real, como adiante será abordado.

Em apertada síntese, o regime de tributação do lucro presumido abrange o Imposto de Renda das Pessoas Jurídicas (IRPJ) e a Contribuição Social sobre o Lucro Líquido (CSLL), de modo a permitir que a sociedade tribute apenas informando a sua receita bruta.[258] A partir da informação da receita, a dedução é feita por meio da aplicação de um percentual definido em lei e que varia de acordo com o ramo de atividade da empresa. Os percentuais estão definidos no artigo 15 da Lei nº 9.249/95 da seguinte forma:

- 8%: regra geral.
- 1,6%: para a atividade de revenda, para consumo, de combustível derivado de petróleo, álcool etílico carburante e gás natural;
- 16%: para a atividade de prestação de serviços de transporte, exceto o de carga, para o qual se aplicará o percentual de 8%.
- 32%: para (a) prestação de serviços em geral, exceto a de serviços hospitalares e de auxílio diagnóstico e terapia, patologia clínica, imagenologia, anatomia patológica e citopatologia, medicina nuclear e análises e patologias clínicas, desde que a prestadora destes serviços seja organizada sob a forma de sociedade empresária e atenda às normas da Agência Nacional

[257] Lei nº 9.718/98: art. 13, § 1º, e RIR: art. 587, § 1º.

[258] Lei nº 9.249/95: art. 15.

de Vigilância Sanitária – Anvisa; (b) intermediação de negócios; (c) administração, locação ou cessão de bens imóveis, móveis e direitos de qualquer natureza; (d) prestação cumulativa e contínua de serviços de assessoria creditícia, mercadológica, gestão de crédito, seleção de riscos, administração de contas a pagar e a receber, compra de direitos creditórios resultantes de vendas mercantis a prazo ou de prestação de serviços (*factoring*); (e) prestação de serviços de construção, recuperação, reforma, ampliação ou melhoramento de infraestrutura vinculados a contrato de concessão de serviço público.

- 16%: para as prestadoras de serviços em geral cuja receita bruta anual seja de até cento e vinte mil reais,[259] não se aplicando o referido percentual às pessoas jurídicas que prestam serviços hospitalares e de transporte, bem como às sociedades prestadoras de serviços de profissões legalmente regulamentadas.[260]
- 38,4% (trinta e oito inteiros e quatro décimos por cento), para as atividades de operação de empréstimo, de financiamento e de desconto de títulos de crédito realizadas por Empresa Simples de Crédito (ESC).[261]

Dessa operação será obtida a base de cálculo que será utilizada para aplicar as alíquotas do IRPJ (15%)[262] e da CSLL (9%).[263] A parcela do lucro presumido que exceder o valor resultante da multiplicação de R$ 20.000,00 (vinte mil reais) pelo número de meses do respectivo período de apuração sujeita-se à incidência de adicional de imposto de renda à alíquota de dez por cento.[264] O Governo Federal apresentou projeto de lei que pretende modificar a legislação do imposto de renda das pessoas jurídicas.[265] Dentre as modificações que impactam a sociedade tributada pelo lucro presumido, pode-se identificar a tributação da distribuição de lucros e dividendos, a exigência de livros contábeis que até então estavam dispensados e a redução gradual da alíquota do imposto de renda. Como se trata de projeto cuja aprovação não se pode garantir, deixamos de fazer maiores comentários nesta edição.

[259] Lei nº 9.250, de 1995, art. 40, e Lei nº 9.430, de 1996, art. 1º, e RIR: art. 592, § 3º.

[260] Lei nº 9.250/95: art. 40, parágrafo único, e RIR: art. 592, § 4º.

[261] Lei nº 9.249/95: art. 15.

[262] Lei nº 9.249/95: art. 3º.

[263] Lei nº 7.689/88: art. 3º, III.

[264] Lei nº 9.249/95: art. 3º, § 1º.

[265] PL nº 2.337/2021.

A apuração do IRPJ e CSLL ocorre de forma trimestral,[266] consolidando a apuração ao final do exercício com a declaração anual da pessoa jurídica. A desvantagem da eleição do regime de apuração pelo lucro presumido consiste na possibilidade de a empresa apurar prejuízo contábil em algum período do ano ou até mesmo durante todo o exercício (o que é muito comum em se tratando de *Startup*). Nesse cenário, como a escolha do regime é irretratável, será obrigatório o recolhimento do IRPJ e da CSLL sobre o lucro presumido, ainda que a contabilidade tenha apurado prejuízo real.

A escolha desse regime resulta na obrigatoriedade de apurar as contribuições PIS e COFINS pelo regime cumulativo,[267] o que ensejará a tributação mensal da receita bruta da sociedade no percentual de 3% a título de COFINS[268] e 0,65% a título de PIS.[269]

4.2.6. Tributação no regime do lucro real

O último regime de tributação das sociedades é aquele que impõe o maior número de obrigações tributárias acessórias e, por decorrência, apresenta o mais elevado custo de conformidade tributária. Se de um lado este regime apresenta um nível de complexidade que desaconselha a sua adoção, por outro lado, é o regime que confere maior maneabilidade para planejamento tributário e flexibilidade para estruturação da curva evolutiva da *Startup*.

A tributação pelo regime do lucro real consiste, como o próprio nome diz, apurar e tributar apenas o lucro efetivamente verificado (logo, o real, não fictício). Como a apuração será realizada minuciosamente, o regime tende a ser o mais justo, pois tributa exatamente o lucro apurado pela contabilidade, e não tributo, a sociedade se houver sido apurado prejuízo. Neste ponto, o regime do lucro real pode-se revelar um aliado da *Startup*, pois permite afastar a incidência do IRPJ e da CSLL acaso seja apurado prejuízo pela contabilidade, o que é muito comum nos primeiros meses de atividade da empresa.

O regime de lucro real é, em regra, optativo. No entanto, ele se torna obrigatório para as hipóteses elencadas pelo artigo 14 da Lei nº 9.718/98:

---

[266] Lei nº 9.430/96: art. 1º.

[267] Lei nº 10.833/03: art. 10, III.

[268] Lei nº 9.718/98: art. 8º.

[269] Lei nº 9.715/98: art. 8º, I.

Art. 14. Estão obrigadas à apuração do lucro real as pessoas jurídicas:

I – cuja receita total no ano-calendário anterior seja superior ao limite de R$ 78.000.000,00 (setenta e oito milhões de reais) ou proporcional ao número de meses do período, quando inferior a 12 (doze) meses;

II – cujas atividades sejam de bancos comerciais, bancos de investimentos, bancos de desenvolvimento, caixas econômicas, sociedades de crédito, financiamento e investimento, sociedades de crédito imobiliário, sociedades corretoras de títulos, valores mobiliários e câmbio, distribuidoras de títulos e valores mobiliários, empresas de arrendamento mercantil, cooperativas de crédito, empresas de seguros privados e de capitalização e entidades de previdência privada aberta;

III – que tiverem lucros, rendimentos ou ganhos de capital oriundos do exterior;

IV – que, autorizadas pela legislação tributária, usufruam de benefícios fiscais relativos à isenção ou redução do imposto;

V – que, no decorrer do ano-calendário, tenham efetuado pagamento mensal pelo regime de estimativa, na forma do art. 2º da Lei nº 9.430, de 1996;

VI – que explorem as atividades de prestação cumulativa e contínua de serviços de assessoria creditícia, mercadológica, gestão de crédito, seleção e riscos, administração de contas a pagar e a receber, compras de direitos creditórios resultantes de vendas mercantis a prazo ou de prestação de serviços (*factoring*);

VII – que explorem as atividades de securitização de créditos imobiliários, financeiros e do agronegócio.

Da leitura das hipóteses, percebe-se que uma série de atividades se sujeitam compulsoriamente à apuração do Imposto de Renda e Contribuição Social sobre o Lucro Líquido pela sistemática do lucro real.[270]

Em síntese, o lucro real[271] é o lucro líquido[272] apurado com observância dos preceitos da legislação comercial, ajustado pelas adições, exclusões e compensações prescritas ou autorizadas pela legislação. De forma gráfica, pode-se ilustrar a apuração do lucro real da seguinte forma:

---

[270] RIR: art. 257.

[271] RIR: art. 258. O lucro real é o lucro líquido do período de apuração ajustado pelas adições, exclusões ou compensações prescritas ou autorizadas por este Regulamento (Decreto-Lei nº 1.598, de 1977, art. 6º, *caput*). § 1º A determinação do lucro real será precedida da apuração do lucro líquido de cada período de apuração em observância às disposições das leis comerciais (Lei nº 8.981, de 1995, art. 37, § 1º). § 2º Os valores que, por competirem a outro período de apuração, forem, para efeito de determinação do lucro real, adicionados ao lucro líquido do período de apuração, ou dele excluídos, serão, na determinação do lucro real do período de apuração competente, excluídos do lucro líquido ou a ele adicionados, respectivamente (Decreto-Lei nº 1.598, de 1977, art. 6º, § 4º).

[272] RIR: art. 259. O lucro líquido do período de apuração é a soma algébrica do lucro operacional, das demais receitas e despesas, e das participações, e deverá ser determinado em observância aos preceitos da lei comercial (Decreto-Lei nº 1.598, de 1977, art. 6º, § 1º , e art. 67, *caput*, inciso XI; Lei nº 7.450, de 1985, art. 18; e Lei nº 9.249, de 1995, art. 4º).

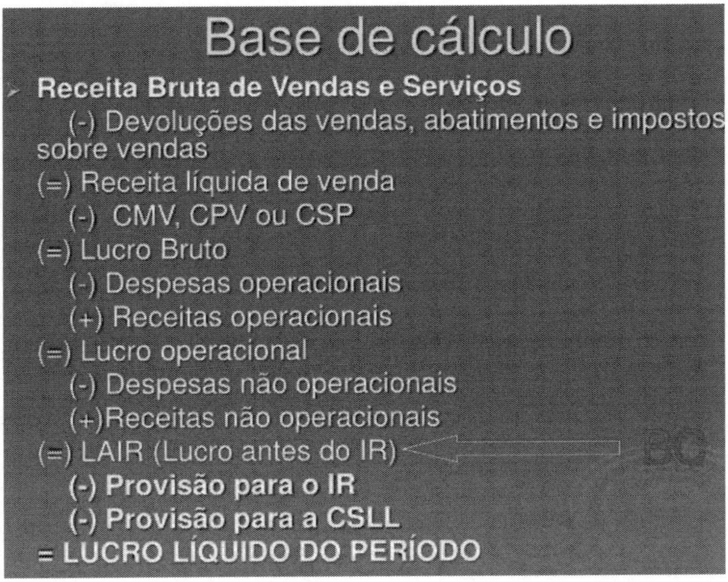

Definida a base de cálculo, aplicam-se as alíquotas do IRPJ (15%)[273] e da CSLL (9%).[274] A parcela do lucro presumido que exceder o valor resultante da multiplicação de R$ 20.000,00 (vinte mil reais) pelo número de meses do respectivo período de apuração sujeita-se à incidência de adicional de imposto de renda à alíquota de dez por cento.[275]

A escolha do regime de tributação do IRPJ e CSLL pelo lucro real sinaliza que as contribuições COFINS e PIS serão apuradas pelo regime não cumulativo, o que importará no incremento de complexidade para apuração destas duas contribuições. Diferentemente do regime cumulativo acima mencionado, a sistemática não cumulativa impõe que o contribuinte escriture os créditos de PIS e COFINS nas entradas de produtos e serviços, deduzindo das contribuições que serão pagas, de modo que a base de cálculo será a diferença entre os créditos e débitos apurados.[276] Definida a base de cálculo, as contribuições serão apuradas a partir da multiplicação da base encontrada pelas respectivas alíquotas: 7,6% a título de COFINS[277] e 1,65% a título de PIS.[278]

---

[273] Lei nº 9.249/95: art. 3º.

[274] Lei nº 7.689/88: art. 3º, III.

[275] Lei nº 9.249/95: art. 3º, § 1º.

[276] Lei nº 10.833/03: art. 1º, § 2º, c/c art. 3º.

[277] Lei nº 10.833/03:: art. 2º.

[278] Lei nº 10.637/03:: art. 2º.

No entanto, é preciso muita atenção, porque o regime do lucro real não exclui a possibilidade de se apurar PIS e COFINS pelo regime cumulativo, haja vista que a lista de atividades que não estão obrigadas à sistemática não cumulativa é grande.[279]

Como muitas *Startups* atuam em atividades que não envolvem a aquisição de matéria-prima e, por decorrência, não ensejariam a geração de crédito de PIS e COFINS, o recolhimento destas contribuições pelo regime cumulativo pode ser a melhor alternativa,[280] o que ensejará a tributação mensal da receita bruta da sociedade no percentual de 3% a título de COFINS[281] e 0,65% a título de PIS.[282]

4.3. A tributação da circulação de bens e da prestação de serviços e as novas atividades criadas pelas *Startups*

As análises realizadas acima levam em consideração a tributação incidente sobre as receitas das *Startups*. Ocorre que alguns empreendimentos podem-se dedicar à venda de mercadorias ou à prestação de serviços.

Durante muito tempo, as *startups* não dispunham de nenhum tratamento especial, o que veio a ser suplantado com o regime especial chamado INOVA SIMPLES. Com a edição da Lei Complementar nº 167/2019, o Estatuto da Micro e Pequena Empresa (Lei Complementar nº 123/06) passou a contar com a possibilidade de a nova empresa se enquadrar no regime especial simplificado, o que permitirá a chamada "comercialização experimental provisória".[283]

Tendo em conta que a apresentação do MVP ao mercado se dá em caráter experimental, faz todo o sentido que a tributação não ceife a oportunidade de testar e validar o produto ou serviço com o mercado. Durante o período de comercialização experimental provisória, a *Startup* não tributará as vendas, desde que os valores não ultrapassem o limite do MEI, atualmente fixado em R$ 81.000,00.

Este período de validação costuma ser breve e determinará o sucesso do negócio ou o encerramento do projeto. Na hipótese de sucesso do projeto, a empresa deverá naturalmente sair do regime e passar

---

[279] Lei nº 10.833/03: art. 10.

[280] Lei nº 10.833/03: art. 10, III.

[281] Lei nº 9.718/98: art. 8º.

[282] Lei nº 9.715/: art. 8º, I.

[283] LC nº 123/06: art. 65-A, § 2º

a tributar normalmente seu faturamento. Ocorre que o legislador não estabeleceu um prazo.

Como o período de experimentação é, via de regra, uma etapa de escassez e não há ganhos expressivos, o legislador foi sábio em criar um espaço de tolerância ao empreendedor. Obviamente, quando o volume de vendas ultrapassar o limite de R$ 81.000,00, acredita-se que o empreendedor terá o orgulho de comemorar o crescimento e a maturação do negócio, passando a ser irrelevante o início da sujeição das vendas à tributação.

Por outro lado, se a *Startup* não adotou o regime INOVA SIMPLES ou já se afastou dele, é preciso estar atento para o pagamento de outros tributos, a saber: Imposto sobre operações relativas à circulação de mercadorias e sobre prestações de serviços de transporte interestadual e intermunicipal e de comunicação (art. 155, II, da Constituição) e Imposto sobre a Prestação de Serviço de Qualquer Natureza (art. 156, III, da Constituição). A obrigação de recolhimento em separado dos tributos não se aplica a *Startup* que tenha escolhido a formatação da MEI[284] ou elegido o regime do SIMPLES.[285]

No caso da venda de mercadorias, o ICMS é calculado com base no valor da venda do produto,[286] multiplicado pela alíquota do Estado da Federação em que situada a *Startup*.[287] *Ocorre que a Startup* pode ter como plano de negócios abranger suas vendas a todos os estados da federação. Se esta for a estratégia, é preciso que a sociedade esteja atenta para o regime de recolhimento do ICMS para as operações interestaduais, especialmente após a reforma introduzida pela Emenda Constitucional nº 87/2015 que visava a atingir o setor do *e-commerce*.[288]

Caso a atividade da *Startup* caracterize-se pela prestação de serviço (e muitas são), incidirá o Imposto sobre Serviço de Qualquer Natureza, de competência dos Municípios.[289] O tributo é calculado tendo

[284] LC nº 123/06: art. 18-A.

[285] LC nº 123/06: art. 13. O parágrafo primeiro do mesmo dispositivo reinsere o obrigação de pagar o ICMS e ISSQN às empresas dos SIMPLES para as hipóteses ali elencadas.

[286] LC nº 87/96: art. 13.

[287] LC nº 87/96: art. 11.

[288] A Emenda Constitucional alterou a redação do artigo 155, § 2º, inciso VII. A OAB ingressou com Ação Direta de Inconstitucionalidade no Supremo Tribunal Federal (ADI nº 5.464) e a ABCOMM ingressou com a ADI nº 5.469. Ambas buscam afastar a aplicação do Convênio CONFAZ nº 93/2015, que estendia o novo regime às empresas do SIMPLES. A medida liminar foi concedida pelo Min. Dias Toffoli e até o presente momento não houve julgamento do mérito.

[289] CRFB: art. 156, III, e LC nº 116/03: art. 1º.

por base de cálculo o valor do serviço prestado,[290] multiplicando-se pela alíquota[291] do Município em que localizada a sede da prestadora.[292]

Todavia, a *Startup* pode-se dedicar a alguma atividade que não se considere prestação de serviço, nem possa ser encarada como circulação de mercadoria. Como o regime de competência tributária brasileiro é rígido, e a tributação não pode incidir de forma analógica,[293] começam a surgir as primeiras discussões em torno da tributação de novas tecnologias.

São casos emblemáticos as atividades de *streaming*, que consiste no franqueamento de acesso a uma base de músicas (*Spotify e Music Apple*), filmes e seriados (Netflix e Youtube). Estas atividades estariam sujeitas à incidência do ICMS ou do ISSQN? Recente alteração da Lei Complementar nº 116/03 passou a incluir esse tipo de atividade em sua lista anexa.[294] Longe de tornar encerrada a discussão, os Estados entendem que a atividade de *streaming* é igual ao serviço de comunicação que se encontra sob a incidência do ICMS.[295]

Nessa mesma linha, a atividade de intermediação entre proprietário de um imóvel e de um indivíduo que deseja locá-lo é prestação de serviço? No caso, faz-se alusão ao Airbnb, que superou em faturamento as maiores redes hoteleiras do mundo, porém não possui um único imóvel em seu nome. Em situação semelhante, pode-se comparar a atividade dos aplicativos de transporte de passageiro (UBER, Lift, Cabify, 99POP, entre outros). A atividade realizada pelas plataformas é aproximar o motorista que deseja oferecer o seu carro e sua mão de obra para alguém que deseja se locomover. Em essência, os aplicativos não realizam o serviço de transporte, o que não ensejaria a incidência do ISSQN.

Depois de 32 anos de vigência da Constituição, agora podemos saber como tributar software. A Corte levou tanto tempo para julgar a ADI 1945 que a tecnologia que estava no bojo do julgamento já é obsoleta. Felizmente, o STF incluiu no julgamento a ADI 5659 que já abordava o *streaming* encerrando o período de dúvidas e incertezas. Em resumo, na visão do Supremo Tribunal Federal, a tributação do software compete aos Municípios por meio do Imposto sobre Serviço

---

290 LC nº 116/03: art. 7º.

291 LC nº 116/03: art. 8º: define a alíquota máxima no país em 5%. Art. 8º-A fixa a alíquota mínima no país em 2%.

292 LC nº 116/03: art. 3º e 4º.

293 CTN: art. 108, § 1º.

294 LC nº 157/2016: item 1.09 da lista anexa.

295 CRFB: art. 155, II e LC nº 87/96: art. 1º e art. 2º, III. Convênio nº 106/2017 CONFAZ.

de Qualquer Natureza (ISSQN). No intuito de pacificar a sociedade, evitando que Municípios viessem a tributar retroativamente, assim como para não fomentar uma corrida de ações de repetição, a Corte, por maioria, modulou os efeitos da decisão, atribuindo eficácia *ex nunc*, a contar da publicação da ata de julgamento do mérito em questão para:

> a) impossibilitar a repetição de indébito do ICMS incidente sobre operações com softwares em favor de quem recolheu esse imposto, até a véspera da data da publicação da ata de julgamento do mérito, vedando, nesse caso, que os municípios cobrem o ISS em relação aos mesmos fatos geradores;
>
> b) impedir que os estados cobrem o ICMS em relação aos fatos geradores ocorridos até a véspera da data da publicação da ata de julgamento do mérito.
>
> Ficam ressalvadas (i) as ações judiciais em curso, inclusive de repetição de indébito e execuções fiscais em que se discutam a incidência do ICMS e (ii) as hipóteses de comprovada bitributação, caso em que o contribuinte terá direito à repetição do indébito do ICMS. Por sua vez, incide o ISS no caso de não recolhimento do ICMS ou do ISS em relação aos fatos gerado ocorridos até a véspera da data da publicação da ata de julgamento do mérito, nos termos do voto do Relator.

Como já defendido em outras oportunidades,[296] o sistema tributário instituído no Brasil por deliberação da Assembleia Nacional Constituinte é um modelo de competência rígida, tendo o país adotado uma Constituição prolixa e detalhista em matéria de tributação. A intenção do Constituinte é evidentemente limitar o poder de tributar dos entes federados, autorizando-os a exigir tributos apenas das operações descritas pela Constituição. Nessa linha, por mais formalista que possa parecer a posição, somente se poderia cogitar de fazer incidir tributo sobre uma atividade nova (sejam as mencionadas, sejam outras que venham a surgir) a partir de uma decisão tomada pelo órgão legitimado pela Constituição, vale dizer, o constituinte derivado (Congresso Nacional).

4.4. A tributação dos investimentos em *Startups*

Os temas que precederam tinham como objetivo apresentar a tributação na perspectiva da *Startup*, ou seja, verificar quais os tributos e os principais regimes de tributação para as mais variadas entidades que desenvolvem o empreendimento.

[296] PORTO, Éderson Garin. Interpretação dos conceitos de direito privado na formação da obrigação tributária. Relações entre normas do sistema jurídico. Uma visita à jurisprudência do Supremo Tribunal Federal. *Revista Jurídica Empresarial*, v. 02, p. 105-143, 2009. PORTO, Éderson Garin. *Estado de Direito e Direito Tributário*. Porto Alegre: Livraria do Advogado, 2009.

Ocorre que as *Startups* dependem do aporte de capital de investidores nas suas mais variadas formatações, como foi possível demonstrar no capítulo antecedente. Dessa forma, foi importante ter compreendido as formas em que os fundadores podem captar recursos no mercado, porém será tão ou mais crucial poder esclarecer como se dá a tributação desse investimento.

Tendo em vista que a decisão racional do investidor vai levar em consideração, por óbvio, a opção que maximize sua vantagem, parece evidente que a avaliação do peso da tributação sobre uma ou outra modalidade de investimento deve ser examinada com atenção. Por esse motivo, será realizado um repasse nos modelos de financiamento já examinados, focando apenas no aspecto da incidência da tributação.

4.4.1. Investimento em *equity*

O investimento em *equity* significa adquirir parcela do capital social que assegurará, no fim do dia, a participação societária na empresa, permitindo titular parcela do patrimônio líquido do negócio.[297]

Em suma, os fundadores, quando subscrevem quotas ou ações e/ou os investidores quando adquirem as referidas participações societárias, são considerados sócios da entidade e, por assim estarem legitimados, fazem jus à isenção do imposto de renda incidente sobre os lucros ou dividendos distribuídos aos sócios.[298]

Resulta que o investimento realizado diretamente na sociedade assegura ao investidor o recebimento de lucros ou dividendos sem a incidência do imposto de renda na fonte, nem mesmo impõe a obrigação de oferecer as quantias recebidas na declaração de ajuste anual.

Em que pese essa isenção esteja sujeita a críticas, parece razoável que o empreendedor que assumiu o risco do negócio e investiu o seu patrimônio num empreendimento possua um incentivo para fazê-lo. Não parece razoável igualar o investimento em fundos de curto prazo ou de longo prazo, nem mesmo ao rendimento do trabalho assalariado com os rendimentos obtidos a partir da aplicação de valores num negócio.

Assim, toda a vez que o modelo de financiamento envolver a participação na sociedade por meio de subscrição ou aquisição e quo-

[297] LSA: art. 178, § 2º, III.

[298] Lei nº 9.249: art. 10. RIR: art. 39, XXIX.

tas/ações, haverá isenção do imposto de renda dos lucros e dividendos distribuídos.

Por outro lado, caso seja realizada a venda da participação societária e esta seja vendida por um valor superior ao custo de aquisição, então haverá a incidência do imposto de renda sobre o ganho de capital.[299]

O cálculo do ganho de capital é determinado "pela diferença positiva, entre o valor de alienação e o custo de aquisição".[300] Significa dizer que o valor pago por ocasião da venda, subtraído do valor pago para subscrever ou adquirir a participação societária, será tributado se, e somente se, verificar-se um resultado positivo.

De todo modo, mesmo apurando lucro na alienação da participação societária, há isenção para o ganho de capital auferido na alienação de pequeno valor, assim entendido o bem cujo preço unitário seja igual ou inferior a R$ 20.000,00.[301] A isenção é ampliada para as pessoas físicas, conforme prescreve a Lei nº 9.250/95 com a redação que foi conferida pela Lei nº 11.196/2005:

> Art. 22. Fica isento do imposto de renda o ganho de capital auferido na alienação de bens e direitos de pequeno valor, cujo preço unitário de alienação, no mês em que esta se realizar, seja igual ou inferior a:
>
> I – R$ 20.000,00 (vinte mil reais), no caso de alienação de ações negociadas no mercado de balcão;
>
> II – R$ 35.000,00 (trinta e cinco mil reais), nos demais casos.

Portanto, pode-se estruturar a alienação de participações societárias, de modo a observar o limite fixado em lei, considerando os dois patamares fixados pelo dispositivo acima referido.

4.4.2. Sociedade de investimento de capital estrangeiro

A legislação tributária oferece isenção do imposto de renda para as sociedades de investimento que tenham por objeto aplicar recursos em carteira diversificada de títulos e valores mobiliários ou que se dediquem à administração de fundos em condomínios ou de terceiros.[302]

---

[299] Lei nº 7.713, de 1988, arts. 2º e 3º, § 2º, e Lei nº 8.981, de 1995, art. 21. RIR: art. 117.

[300] Lei nº 7.713, de 1988, art. 3º, § 2º, Lei nº 8.383, de 1991, art. 2º, § 7º, e Lei nº 9.249, de 1995, art. 17. RIR: art. 138.

[301] Lei nº 7.713, de 1988, art. 22, incisos I e IV, Lei nº 8.134, de 1990, art. 30, Lei nº 8.218, de 1991, art. 21, e Lei nº 9.250, de 1995, arts. 22 e 23. RIR: arts. 39, II e 122, I.

[302] Lei nº 4.728/65: art. 49. Decreto-lei nº 1.338, de 1974: art. 18. Decreto-lei nº 1.986/82: art. 1º. RIR: art. 178.

Exige-se que tais sociedades de investimento sejam constituídas sob a forma de sociedade anônima, e suas ações sejam nominativas ou endossáveis.[303] A legislação impõe que as sociedades de investimento mantenham seus lucros e reservas em contas específicas, de acordo com as normas do Conselho Monetário Nacional.[304]

Por outro lado, se as sociedades não cumprirem os requisitos acima ou estiverem constituídas na forma do artigo 50 da Lei nº 4.728, estarão sujeitas à tributação do imposto de renda na forma preconizada pelo artigo 80 da Lei nº 8.981/95.[305]

O investimento realizado por pessoa física ou jurídica no capital social de empresa no Brasil sujeita-se ao Registro Declaratório Eletrônico (RDE) no Banco Central, no módulo Investimento Estrangeiro Direto (IED). O registro é obrigatório e deve ser feito antes do primeiro ingresso de recursos no País.[306]

4.4.3. A tributação do investimento realizado por meio de fundo de investimentos

Como explicado no item 3.4 do capítulo 3, os fundos de investimento são instituições equiparadas a condomínio,[307] possuindo uma

---

303 Lei nº 4.728/65: art. 49, § 2º.

304 Decreto-lei nº 1.986/82: art. 1º, parágrafo único. RIR: art. 179.

305 Lei nº 8.981/95: art. 80. Sujeitam-se à tributação pelo Imposto Renda, à alíquota de dez por cento, os rendimentos e ganhos de capital auferidos no resgate pelo quotista, quando distribuídos, sob qualquer forma e a qualquer título, por fundos em condomínio, a que se refere o art. 50 da Lei nº 4.728, de 14 de julho de 1965, constituídos na forma prescrita pelo Conselho Monetário Nacional e mantidos com recursos provenientes de conversão de débitos externos brasileiros, e de que participem, exclusivamente, pessoas físicas ou jurídicas, fundos ou outras entidades de investimentos coletivos, residentes, domiciliados, ou com sede no exterior. § 1º A base de cálculo do imposto é constituída pela diferença positiva entre o valor de resgate e o custo de aquisição da quota. § 2º Os rendimentos e ganhos de capital auferidos pelas carteiras dos fundos de que trata este artigo, são isentos de Imposto de Renda.

306 Resolução 3.844, de 23 de março de 2010, e na Circular 3.689, de 16 de dezembro de 2013, título II, capítulos I e II.

307 Lei 4.728/65: "Art. 50. Os fundos em condomínios de títulos ou valores mobiliários poderão converter-se em sociedades anônimas de capital autorizado, a que se refere a Seção VIII, ficando isentos de encargos fiscais os atos relativos à transformação.". Instrução CVM 409, art. 2º "... uma comunhão de recursos, constituída sob a forma de condomínio, destinado à aplicação em títulos e valores mobiliários, bem como em quaisquer outros ativos disponíveis no mercado financeiro e de capitais". Na doutrina: SATIRO, Francisco. Constrição judicial sobre ativos de fundos de investimentos em participação. In TEIXEIRA, Tarcísio (org.). *Direito Empresarial* – estudos em homenagem ao professor Haroldo Malheiros Duclerc Vercosa, IASP, São Paulo, 2015, p. 561-596. EIZIRIK, Nelson; GAAL, Ariádna B.; PARENTE, Flávia; HENRIQUES, Marcus de Freitas. *Mercado de Capitais*: Regime Jurídico, 3. ed. Rio de Janeiro: Renovar, 2011. ULHOA COELHO, Fábio. *Curso de Direito Comercial*, Saraiva, São Paulo, 2013.

regulação própria definida pela Instrução CVM nº 555, de 17 de dezembro de 2014.

Desde a edição da Lei nº 11.033/2004, a tributação dos investimentos vertidos em fundos passou a se dar de duas formas distintas a depender da formatação do fundo. Se o investimento fosse realizado em fundo fechado, a tributação da renda somente ocorreria por ocasião do resgate (extinção do fundo), sem previsão da tributação semestral.[308] Por outro lado, se o investimento fosse realizado em fundos abertos, a tributação passaria a respeitar um regime de alíquotas regressivas que passam a sofrer redução a depender do tempo de manutenção dos valores aplicados.[309]

A incidência do imposto de renda havia sido afastada para as hipóteses previstas no artigo 3º da Lei nº 11.033/2004, que conferia isenção para operações realizadas na bolsa de valores cujos valores não superassem R$ 20.000,00; a remuneração obtida por letras hipotecárias, certificados de recebíveis imobiliários e letras de crédito imobiliário. A isenção também alcançava os rendimentos distribuídos pelos Fundos de Investimento Imobiliários cujas quotas sejam admitidas à negociação exclusivamente em bolsas de valores ou no mercado de balcão organizado, assim como a remuneração produzida por Certificado de Depósito Agropecuário – CDA –, Warrant Agropecuário – WA –, Certificado de Direitos Creditórios do Agronegócio – CDCA –, Letra de Crédito do Agronegócio – LCA – e Certificado de Recebíveis do Agronegócio – CRA –, instituídos pelos arts. 1º e 23 da Lei nº 11.076, de 30 de dezembro de 2004; a remuneração produzida pela Cédula de Produto Rural – CPR –, com liquidação financeira, instituída pela Lei nº 8.929, de 22 de agosto de 1994, alterada pela Lei nº 10.200.

Ocorre que em outubro de 2017, o Governo editou a Medida Provisória nº 806, que trouxe nova disciplina para a tributação dos fundos de investimento. Felizmente, a Medida Provisória não foi aprovada pelo Congresso, tornando sem efeito suas disposições. Considerando o forte desincentivo ao investimento, merece ser comemorada a ineficiência do Poder Legislativo.

4.4.4. A tributação do investimento realizado em contrato de participação

O mútuo conversível em participação chamado no direito norte-americano de *convertible note* foi abrasileirado para o contrato de

[308] Lei nº 11.033/2004: art. 1º, § 3º, I.

[309] Lei nº 11.033/2004: art. 1º, *caput*.

participação desde a edição da Lei Complementar nº 155/2016, que acrescentou dispositivos à Lei Complementar nº 123/2005, conhecida como Lei do Simples.

A inovação jurídica foi aplaudida como um passo importante para o ecossistema das *Startups*, porém, do ponto de vista tributário, foi um verdadeiro desastre. E a tragédia começa com a redação conferida ao § 10 do artigo 61-A, que conferiu um cheque em branco para a Receita Federal definir a tributação do capital investido. Aponta-se o dispositivo como o primeiro equívoco, pois não poderia a lei complementar atribuir a prerrogativa de definir normas gerais sobre tributação ao Ministério da Fazenda. Este órgão da Administração Pública jamais poderia alterar normas sobre a tributação do investimento em *Startups*, e o que veio a ocorrer com a edição da Instrução Normativa RFB nº 1.719 em 21 de julho de 2017 só confirmou as expectativas dos especialistas no tema.

Por meio de Instrução Normativa RFB nº 1.719/2017, a Receita Federal "legislou" em matéria tributária, o que, sem dúvida alguma, ofende frontalmente o disposto no artigo 146, inciso III, assim como a previsão do artigo 150, inciso I, ambos da Constituição. No entanto, superando as inconstitucionalidades referidas, o tratamento fiscal conferido ao contrato de participação contraria a legislação que dispõe sobre a tributação dos fundos de investimento, que expressamente limita a aplicação daquele regramento aos casos previstos na Lei nº 11.033/2004.

Em outras palavras, a IN RFB nº 1.719 contraria a Lei nº 11.033/2004. Talvez resulte de um ato falho dos elaboradores da instrução normativa que também devem ter participado da redação da MP 806 acima referida. Dando como certa a aprovação da MP, passar-se-ia a ter um regime único de tributação, igualando os fundos. Ocorre que até a conversão da MP nº 806, o que não se tinha notícia até a conclusão deste trabalho, o texto da IN RFB nº 1.719 altera a disciplina da Lei nº 11.033/2004, o que caracteriza flagrante ilegalidade.

Não obstante os óbices acima referidos, o texto da IN RFB nº 1.719/2017 iguala o investimento em *Startup* aos investimentos vertidos em fundos de renda fixa, o que não faz sentido algum. Afinal, por que um investidor racional aplicaria seu capital em uma *Startup* cujo risco e incerteza são traços essenciais, sabendo que aplicando o seu dinheiro num fundo de renda fixa sofrerá a mesma tributação? Ou, dito de outro modo, qual o incentivo para o investimento em *Startup*? A instrução normativa presta o serviço de afugentar o investidor para este tipo de investimento, criando inúmeros custos de conformidade, como por exemplo, a retenção do imposto na fonte[310] e a adoção de controles contábeis sobre os aportes para efeito de apuração do imposto a recolher.[311] As exigências impostas são incompatíveis com o tipo de negócio de uma *Startup*, produzindo algumas consequências imediatas: deserção da tributação, contingências para o empreendimento e informalidade.

4.4.5. A tributação do investimento em títulos e valores mobiliários

O investimento no mercado financeiro obedece às regras fixadas pelo artigo 2º da Lei nº 11.033/2004, sujeitam-se ao rendimento auferido à incidência da alíquota de 20% para as hipóteses de *day trade* e 15% nos demais casos. Significa dizer que o investimento realizado por meio da aquisição de qualquer título ou valor mobiliário ofertado pela *Startup* deverá observar o regime de tributação estatuído pela referida lei especial.

Há, todavia, a isenção prevista no artigo 3º da Lei nº 11.033/2004, que afasta a incidência do imposto de renda quando as alienações não ultrapassem o limite de R$ 20.000,00 no mês.

4.4.6. A tributação do *crowdfunding*

A captação de recursos por meio do *crowdfunding* se estrutura da seguinte forma: o fundador do empreendimento lança sua ideia numa plataforma de colaboração na rede mundial de computadores, solicitando apoio para o seu projeto. É o mesmo que a conhecida e famosa "vaquinha" ou ação entre amigos. Pessoas identificadas com o projeto sensibilizam-se com a ideia de fazer contribuições para tornar realidade o empreendimento. Via de regra, é possível identificar três polos de interesse distintos: (a) o empreendedor/captador que é a pessoa interessada em angariar os recursos; (b) o intermediário ou plataforma que é o responsável por disponibilizar e administrar os recursos captados no financiamento coletivo; e (c) os colaboradores/financiadores que são aqueles que aportam valores para o projeto. A CVM editou instrução (ICVM nº 588) em 13 de julho de 2017 para regular a captação de recursos por meio de plataformas eletrônicas. Na tabela a seguir, é possível ver o tratamento comparado ao *crowdfunding* no mundo:

---

310 IN RFB nº 1.179: art. 5º.

311 IN RFB nº 1.179: art. 5º, § 4º.

País	Oferta	Emissor	Investidor	Plataforma – Registro e Capital Mínimo
Brasil	Até R$ 5 milhões	Receita Bruta de até R$ 10 milhões; constituído no país	Até R$10mil por ano em todas as plataformas	Registro CVM e R$100mil de capital
EUA	US$ 1 MM; um intermediário	Empresas constituídas no país; Vedação a emissores sujeitos a supervisão ou registro como cia. de investimento	Renda anual ou patrimônio líquido: Se < US$100 mil → maior valor entre US$ 2m ou 5% da renda ou patrimônio; Se ≥ US$100 mil→ 10% da renda ou patrimônio; limitado a US$100mil	SIM
Reino Unido	Sem restrições	Sem restrições	Sem restrição	SIM – por modelo de negócio
França	€1 milhão	Sem restrições	Sem restrição	SIM; Seguro de Responsabilidade Civil Profissional e sem passaporte
Espanha	€2MM; €5MM (qualificado)	Empresas constituídas no país ou na EU	Para não qualificado : € 3 mil por oferta ou € 10 mil por ano por portal	SIM
Itália	€5 milhões	Empresas com sede no país; PMEsinovadoras e *startups* (não listadas em bolsa); Organismos de investimento coletivo nestas empresas	Sem limite para varejo; 5% da oferta para qualificados, fundações bancárias ou incubadoras de startups.	SIM; Seguro de Responsabilidade Civil Profissional ou €60M
Canadá	C$1,5 MM	Empresas constituídas e com principal operação no país; Vedação a fundos de investimento e similares (*blind pool*);	Até CA$ 2.500 por investimento.; Em Ontário, limite de CA$ 10.000 no total de todas as aplicações por ano; Limites mais elevados para investidores qualificados	SIM
Japão	**<u>Para a plataforma:</u>** ¥100 MM;	Sem restrições	Limite anual de até ¥ 500.000 por investidor em um único emissor;	SIM; Capital se atua em pequenas ofertas
Coreia	KRW1bilhão	Sem restrições	200% da renda anual ou patrimônio do investidor, limite de KRW2 MM/por emissor e KRW10MM/ano; Sem restrição para qualificados	SIM; Capital Mínimo
Austrália	US$ 5 MM	Empresas constituídas no país; não listadas em bolsa; faturamento anual de até S$ 5 milhões;	Varejo: até US$ 25 M/ ano; e US$10M por emissor	SIM

Como as plataformas são muitas, e as estruturas são as mais variadas, afigura-se impossível traçar um regime de tributação único para todos os modelos. No entanto, buscando alguns elementos comuns, é possível descrever algumas características e indicar o correto tratamento tributário.

O financiamento coletivo por meio do *crowdfunding* normalmente consiste na entrega voluntária de capital para projetos com os quais os apoiadores se identificam. Nesse sentido, os valores aportados assemelham-se ao regime de doação, porém, a maioria das plataformas estabelece critérios para que o dinheiro aplicado no projeto sirva efetivamente para aquela finalidade, admitindo-se inclusive o pleito de restituição da contribuição em certas condições. Portanto, fica difícil amoldar a relação ao regime da doação.

O único pronunciamento judicial de que se tem notícia até o presente momento é o julgamento das contas do Deputado Jean Wyllis, que buscou financiamento da sua campanha eleitoral por meio do *crowdfunding*.[312] Naquele julgamento, chegou-se à conclusão de que o regime jurídico adequado seria a prestação de serviço da plataforma que intermediaria a aproximação do empreendedor/captador com o colaborador.[313] Neste caso, a taxa cobrada pela plataforma caracteriza receita da sociedade responsável pela plataforma, sendo os valores aportados pelos colaboradores repassados diretamente para o projeto, o que não se sujeitaria à incidência dos tributos exigidos da entidade intermediadora.

Do ponto de vista do empreendimento que capta o recurso, os valores assemelham-se ao regime de patrocínio e, como tal, devem-se submeter à tributação, consoante entendimento da Receita Federal manifestado na Solução de Consulta COSIT nº 141, de 26 de setembro de 2016. Por outro lado, o colaborador não deve sofrer a incidência de nenhum tributo, salvo de o regime de contribuição para o projeto estipular algum retorno para o valor investido. Assim, se a contribuição para o *crowdfunding* for graciosa e sem qualquer remuneração específica, a relação se aproxima do regime da doação. Neste caso, poder-se-ia cogitar da incidência do ITCMD, imposto de competência dos Estados.

Como, via de regra, as contribuições envolvem valores baixos, a maior parte dos financiamentos coletivos estaria albergada pela isenção do ITCMD, cujo limite é fixado pela legislação de cada estado. No entanto, é preciso atenção para as hipóteses de doação com valor superior ao limite de isenção, pois o momento da exigência do fato gerador pode gerar controvérsia. Isso porque a captação dos recursos pode envolver condição resolutiva, isto é, caso não seja atingido o valor necessário ou caso seja descumprida alguma regra da plataforma, os valores são devolvidos aos colaboradores. Logo, não se pode precipitar no recolhimento do tributo.

---

[312] TSE, Consulta 208-87.2014.6.00.0000, Classe 10, Distrito Federal, sessão de 22/5/2014.

[313] "As técnicas e serviços de financiamento coletivo (*crowdfunding*), como se vê do segundo questionamento formulado, envolvem a figura de um organizador, ou seja, uma pessoa jurídica ou física, que é responsável pela arrecadação e posterior repasse dos valores recebidos ao financiado. Tais serviços podem ser realizados gratuitamente, mas, geralmente, são remunerados em percentuais relevantes. Assim, admitir a adoção de um intermediário para a arrecadação de recursos que possa, ainda que em tese, ser remunerado pelos valores que vierem a ser captados seria desvirtuar o próprio conceito da doação eleitoral" (TSE, Consulta 208-87.2014.6.00.0000, Classe 10, Distrito Federal, sessão de 22/5/2014).

4.4.7. A tributação do investimento por meio da Sociedade em conta de participação

Como já explicitado no item 4 do capítulo 2, a Sociedade em conta de participação ganhou simpatia do ecossistema da *Startup* justamente por permitir que o investidor e o empreendedor estejam garantidos por um contrato sem necessariamente manterem o vínculo de sócios. Consoante preveem os artigos 991 a 996 do Código Civil, o sócio ostensivo é aquele que assume responsabilidade perante terceiros, não vinculando o sócio participante ou sócio oculto.

Desde 2014, a Receita Federal passou a exigir o cadastro da SCP no Cadastro Nacional das Pessoas Jurídicas (CNPJ).[314] Os resultados devem ser apurados pelo sócio ostensivo, e este poderá manter escrituração conjunta com a sua escrita contábil, segregando os registros de modo a permitir identificar receitas e despesas de uma e outra operação, ou, ainda, podem realizar escrituração independente da SCP.[315]

A tributação da SCP ocorre nos mesmos moldes de uma sociedade anônima, sofrendo a incidência de IRPJ, CSLL, PIS e COFINS.[316] A partir da edição da Instrução Normativa SRF nº 31/2001, as SCPs podem optar pelo regime do lucro presumido. Os lucros apurados e distribuídos pela SCP estão abrangidos pela isenção conferida às demais pessoas jurídicas, consoante prescreve o artigo 10 da Lei nº 9.249/1995.

---

[314] In RFB nº 1.470/2014.

[315] Desde a edição da In RFB 1.420/2013, as SCP's estão obrigadas a entregar a ECD.

[316] Vide itens 2.4 e 2.5 deste capítulo.

5. Aspectos contratuais das *Startups*

5.1. A importância dos contratos no ecossistema das *Startups*

A vocação dos contratos é regular previamente acordos ajustados entre as partes, de modo a harmonizar a livre manifestação de vontade das partes.[317] Considerando que o traço distintivo das *Startups* é o desenvolvimento de um produto ou serviço novo em circunstâncias de elevada incerteza, e este fenômeno ainda não possui disciplina jurídica adequada, cresce a importância dos contratos para promover maior segurança ao ambiente de negócios.

Há um brocardo latino que diz: *"verba volant scripta manent"*. Significa dizer que uma regra de ouro para organização de um negócio é formalizar ao máximo os acordos celebrados entre fundadores, investidores, colaboradores e terceiros. Não obstante a informalidade das relações prepondere, pelo menos nos primeiros *milestones*, deve-se buscar pela formalização dos vínculos de modo a prevenir infortúnios. Como diz a expressão latina, a palavra voa, mas a escrita permanece. É comum que os primeiros ajustes sejam feitos de forma oral e pautados na confiança que havia entre os fundadores e que, num momento zero, nada possuíam. No entanto, o clima amistoso e a cordialidade dão lugar aos primeiros conflitos quando as coisas começam a dar muito bem ou muito mal.

Há muitos anos, as cortes de tradição anglo-saxã desenvolvem a "Bargain Theory of Contract", que pretende dar conta de dois problemas importantes referentes aos contratos: (a) quais são as promessas que merecem receber a coerção do direito e (b) em caso de descumprimento, quais as medidas a serem adotadas?[318] Em que pese a tradição jurídica brasileira seja distinta, a disciplina dos contratos também visa a resguardar o interesse das partes e a preservar os compromissos assumidos.

[317] Código Civil: arts. 421 e 422.

[318] COOTER, Robert; ULEN, Thomas. *Law & Economics*. 6. ed. Boston: Pearson, 2012, p. 277.

Todas as relações que sucederão à ideia concebida pelos fundadores do negócio precisam estar negociadas e formalizadas, de modo a não deixar dúvidas sobre o que as partes almejavam com o negócio. Por isso, é importante a constituição de uma entidade com personalidade jurídica, ao invés de manter uma sociedade comum entre sócios. Como é possível surgir conflitos sobre a participação de cada fundador (na alegria e na tristeza), um contrato de sociedade bem formulado pode evitar discussões. Como é possível que a relação entre o investidor-anjo não seja tão angelical, é preciso formular um bom instrumento de participação. Como é possível surgir discussão sobre quem é o proprietário das ideias e das invenções, é preciso formalizar tudo antes que surja o conflito.

Em suma, parafraseando Enzo Roppo: "disse-se que o contrato é a veste jurídico-formal de operações econômicas. Donde se conclui que onde não há operação econômica, não pode haver também contrato".[319] Sintetizando a ideia, Enzo Roppo afirma que: "a formalização jurídica nunca é construída (com os seus caracteres específicos e peculiares) como fim em si mesma, mas sim com vista e em função da operação econômica".[320]

Portanto, pode-se afirmar que a melhor prática a ser imposta à *Startup* e aos seus fundadores, normalmente avessos a questões burocráticas e legais, é formalização dos vínculos e o uso intensivo de instrumentos contratuais para disciplinar relações que a legislação ainda não logrou êxito em alcançar, valendo-se do permissivo legal que autoriza as partes a celebrar contratos atípicos.[321]

Alguns instrumentos jurídicos já foram examinados nos capítulos antecedentes, e agora serão abordadas algumas questões importantes, que podem merecer a celebração de um contrato, visando a prevenir futuros conflitos.

5.2. Acordo de confidencialidade

A principal missão de uma *Startup* é desenvolver um produto ou serviço novo para o mercado, de modo que a criação pode gerar a

---

[319] ROPPO, Enzo. *Il Contrato.* Milão: Giuffrè, 2001, p. 10. No mesmo sentido, Caio Mário define que: "o mundo moderno é o mundo do contrato. E a vida moderna o é também, e em tão alta escala que, se fizesse abstração por um momento do fenômeno contratual na civilização de nosso tempo, a consequência seria a estagnação da vida social". PEREIRA, Caio Mário da Silva. *Instituições de Direito Civil.* v. III, p. 9

[320] ROPPO, Enzo. *Il Contrato.* Milão: Giuffrè, 2001, p. 9.

[321] Código Civil: art. 425.

inovação, a que Peter Thiel chama de zero para um. Segundo o autor, o progresso horizontal consiste em desenvolver algo a partir de coisas que já conhecemos, o que gera o crescimento de 1 para n. Quando se cria algo totalmente novo, cria-se um crescimento vertical, partindo de zero para 1.[322]

Se de fato este é o propósito da *Startup* e o que a distingue de um novo negócio qualquer, o fator de impacto no mercado é a ideia concebida e o modo de torná-la realidade. Por certo que os autores destas ideias não gostariam que alguém simplesmente a copiasse e ganhasse todos os louros do invento. Seja durante os primeiros ciclos de vida da *Startup*, em que os segredos devem ser mantidos em sigilo, seja durante toda a existência do negócio, quando a manutenção de detalhes da atividade assegura a vantagem competitiva em relação ao demais competidores, é importante celebrar um pacto em que as partes envolvidas se comprometam em manter em sigilo.

Este acordo é conhecido pela sigla NDA, que representa a abreviação da expressão inglesa *Non-Disclosure Agreement*. O acordo de confidencialidade obriga as partes contratantes a manter sigilo, segredo das informações confiadas de parte a parte. Algumas questões merecem atenção para evitar futuros dissabores.

Em primeiro lugar, deve-se definir claramente quem é o transmissor da informação e quem é o receptor da informação e, sobretudo, qual é a informação repassada ou segredo que mereça ser preservado. Estes detalhes são cruciais para o momento de eventual discussão sobre quem revelou o que, e suas respectivas implicações. Nessa mesma linha, é preciso definir qual a espécie de informação a ser protegida, pois a depender do tipo de segredo a ser guardado, poderá repousar uma legislação diferente (ex.: propriedade intelectual, estratégias comerciais, dados contábeis e/ou financeiros, informações sobre consumidores, etc.).

Num segundo momento, deve-se explicitar o uso que se fará das informações e a forma da troca dos dados. Este cuidado pode evitar que as informações trocadas sejam utilizadas em finalidade diversa daquela prevista inicialmente, assim como pode prevenir que seja utilizado um meio de transmissão suscetível a vazamento ou não dotado da segurança que as informações merecem.

Por fim, o acordo deve prever claramente as responsabilidades pelo vazamento ou má utilização das informações numa dosagem que

---

322 THIEL, Peter. Zero to One. *Notes on startups, or how to built the future.* New York: Crown Business, 2014, p. 6.

estimule o cumprimento e não incentive o vazamento. Significa dizer que a previsão de multa ou cominação de cláusula penal não pode ser tão branda que seja vantajoso pagar o valor da multa e aproveitar indiscriminadamente as informações obtidas e também não pode ser num patamar tão elevado que comprometa o caráter dissuasório da sanção civil.

O acordo de confidencialidade tem lugar no momento da estruturação do negócio, assim como é utilizado nas rodadas de investimento, quando os investidores seguramente desejarão ter acesso aos segredos da *Startup* que estão investindo para avaliar se vale a pena o aporte negociado. Ao mesmo tempo, é comum que fundos de investimento participem de várias *Startups* e, em alguns casos, empresas concorrentes. Logo, como ter certeza de que a troca de informações que visa a viabilizar o investimento não esteja abastecendo o concorrente? Há ainda a aplicação do NDA para colaboradores que podem atuar em setores estratégicos e, por vantagem do mercado, optar por sair da empresa e eventualmente até mesmo trabalhar na concorrência.

Para preservar este tipo de segredo e ter certeza de que aquelas pessoas que tomaram conhecimento das informações críticas do negócio preservarão o sigilo é que se recomenda a celebração do documento. Por tais motivos é que o acordo de confidencialidade se revela tão importante e merecedor de atenção por parte dos empreendedores.

5.3. Estratégias de proteção à propriedade intelectual

A propriedade intelectual pode ser caracterizada como ficção jurídica que outorga ao seu titular proteção às invenções e criações humanas, incluindo dentro desse universo a propriedade industrial (marcas, patentes, desenhos industriais) e os direitos autorais (produções literárias, artísticas e científicas).[323] Segundo Daniel Hunter, a propriedade intelectual pode ser definida como a expressão usada para denotar uma série de princípios legais e áreas que criam direitos sobre a intangível "propriedade da mente".[324]

No Brasil, a propriedade industrial encontra disciplina na Lei nº 9.279/96, enquanto os Direitos Autorais estão protegidos pela Lei nº 9.609/98 (trata especificamente de programas de computador)

[323] VICENTE, Dário Moura. *La propriété intellectuelle en droit international privé.* Haya: Adi Poche, 2009, p. 17.

[324] HUNTER, Daniel; PATTERSON, Dennis. *The Oxford Introductions to U.S. Law: Intellectual Property.* New York: Oxford, 2015, p. 10.

e pela Lei nº 9.610/98 (trata dos direitos autorais de forma mais ampla).[325]

Como invariavelmente o maior ativo de uma *Startup* concentra-se na inovação criada por seus fundadores, pode-se dizer que é destinada a lidar e tratar de questões relacionadas à proteção da propriedade intelectual. Analisar todas as questões envolvendo o tema propriedade intelectual extrapolaria o objetivo deste trabalho, portanto, adota-se a abordagem de apresentar as principais questões que surgem no ecossistema das *Startups* e uma sugestão de estratégia a ser adotada.

Antes, no entanto, merece destaque o regime INOVA SIMPLES, que passou a oportunizar o registro automático da marca ou patente junto com a abertura da empresa no portal da Redesim.[326] Compete ao INPI a criação de um mecanismo de concatenação do registro da empresa simultaneamente com o registro da marca ou patente.[327] É uma medida simples que merece ser saudada e pode vir a trazer maior facilidade e segurança ao ecossistema.

Feitos estes esclarecimentos, registra-se que este capítulo não pretende esgotar o tema, senão apenas oferecer algumas noções sobre assuntos importantes.

5.3.1. Proteger a propriedade intelectual ou adotar a estratégia de *open source*?

A revolução que a Internet produziu em nossa sociedade ainda é difícil de ser dimensionada. De um momento para outro, um arsenal de informações passou a se tornar acessível para qualquer cidadão conectado à rede mundial de computadores, o que trouxe uma série de vantagens para a sociedade e, de outro lado, trouxe alguns problemas.

O livre acesso a dados, textos, conteúdos se prestou para democratizar o acesso à informação, mas trouxe um desafio enorme para a proteção à propriedade intelectual. Na evolução daquilo que se convencionou chamar de "sociedade informacional"[328] para a chamada economia colaborativa, observou-se um novo salto que desafia nova-

[325] SANTOS, Manoel J. Pereira dos; JABUR, Wilson Pinheiro. *Direito autoral*. São Paulo: Saraiva, 2014, p. 216.

[326] LC nº 123/06: art. 65-A, §7º.

[327] LC nº 123/06: art. 65-A, §8º.

[328] CASTELLS, Manuel. *The Internet Galaxy*: Reflections on the Internet, Business, and Society. Oxford: Clarendon, 2002, p. 251.

mente o instituto milenar da propriedade, chegando-se até mesmo a questionar o futuro do próprio instituto.

Em 2011, a Revista "Time" descreveu a "Economia Compartilhada" como uma das 10 ideias que teriam a capacidade de mudar o mundo.[329] A matéria intitulada "Today's smart choice: don't own. Share" inicia dizendo que um dia nós olharemos para o passado e nos espantaremos com a quantidade de coisas que possuíamos. O movimento inicia, segundo a matéria, com a chamada "Napsterization" ou movimento de digitalizar música e compartilhar de modo gratuito pela rede mundial de computadores, tornando o CD inútil.

A geração de empreendedores questiona e controverte se faria ainda algum sentido proteger a propriedade intelectual. Daí a pergunta que abre este ponto: proteger ou não a criação da *Startup*? Um movimento forte de desenvolvimento de *software* cooperativo vem sendo notado desde a década de 1960, mas é com a criação do *Free Software Foundation (FSF)* em 1983 por um pesquisador do *Massachusetts Institute of Technology* (MIT) que a tendência passa a ganhar maior expressão. Hoje, há um mercado forte e pujante para o desenvolvimento de *software* denominado "open source".[330]

Atualmente, o mercado de desenvolvimento de *software* pode ser dividido em duas categorias: (i) aqueles que fazem uso dos privilégios à proteção à propriedade intelectual e (ii) aqueles que desconsideram a proteção e colocam suas criações em fonte aberta para que toda a comunidade de desenvolvedores se aproprie e faça uso. Há estudos que demonstram que a priorização da fonte aberta tem a capacidade de melhor maximizar o benefício para os indivíduos.[331]

Estratégias alternativas já são estudadas como, por exemplo, a chamada "Lock-in", segundo a qual o desenvolvedor do *software* deixa "preso" o consumidor no seu *software*. Esta prisão pode-se dar de várias formas, tais como (a) desenvolver um *software* incompatível com os produtos de outros; (b) usar um padrão de propriedade ou

[329] Walsh,"Today's smart choice: Don't own. Share", Time (17March2011), disponível em: <http://content.time.com/time/specials/packages/article/0,28804,2059521_2059717_2059710,00.html>.

[330] ARROYO, CS; MERLO, EM; SIMÕES, AX. A economia do *software* de fonte aberta: razões que levam os desenvolvedores de *software* a participar das comunidades de fonte aberta: the economy of open source software: reasons that lead software developers to participate in the open source software communities. In: *Revista de Administração Mackenzie*. 5, 1, 124-143, Mar. 2004. ISSN: 16786971.

[331] SACKS, M. Competition Between Open Source and Proprietary Software: Strategies for Survival. *Journal of Management Information Systems*. 32, 3, 268-295, Dec. 2015. ISSN: 07421222.

arquitetura do *software* que impossibilite a interoperação entre aplicativos e (c) licenciar o *software* sob condições exclusivas.[332]

A decisão que os empreendedores deverão tomar é estratégica. Se a vantagem competitiva concentra-se no desenvolvimento de uma ideia que tornará a criação única no mercado, provavelmente a proteção à propriedade intelectual seja a melhor estratégia. De outro lado, se a inovação não estão exatamente no aplicativo desenvolvido, mas modelo de negócio, talvez usar um *software* de fonte aberta não seja uma má ideia. O problema é que uma vez tornado aberto, é extremamente difícil (para não dizer impossível) voltar atrás e pleitear a proteção à criação. Do mesmo modo, se a *Startup* trabalha no desenvolvimento de um aplicativo que se pretende comercializar e proteger a criação, não se podem utilizar dados ou programações abertas sob pena de não se poder proteger no futuro a criação desenvolvida com ajuda de códigos abertos.

5.3.2. A proteção da propriedade industrial

A propriedade industrial é um aspecto importante a ser considerado, tendo em vista que confere ao titular o direito de exploração e uso da marca, da patente ou desenho industrial.[333] O registro da propriedade industrial no Brasil fica a cargo do Instituto Nacional da Propriedade Industrial (INPI),[334] que recebe o pedido de registro da criação, assim como oferece acesso à base de dados para checar se a sua ideia já não foi objeto de registro perante o órgão.

Caso célebre de disputa sobre a marca foi entravado entre Apple Corps (titulada pelos Beatles) e Apple Computer (titulada por Steve Jobs). Depois de celebrado um acordo entre as duas empresas na década de 1980, em que ficou ajustado que a Apple Corps só poderia atuar no ramo da música, e a Apple Computer só poderia atuar no ramo de computadores, sobreveio a criação do Itunes pela Apple, agora Apple Inc. A disputa só foi encerrada em 2007 com a celebração de um acordo entre as duas companhias.

Este caso emblemático ilustra a importância do registro da marca e, sobretudo, a definição do titular. Este é um ponto importante, pois impõe aos empreendedores um cuidado com as criações desenvol-

332 KEVIN XIAOGUO, Z; ZACH ZHIZHONG, Z. Lock-In Strategy in Software Competition: Open-Source Software vs. Proprietary Software. *Information Systems Research*. 23, 2, 536-545, June 2012. ISSN: 10477047.

333 Lei nº 9.279/96: art. 2º.

334 Site oficial do INPI: <www.inpi.gov.br>.

vidas pela *Startup*. É preciso tomar cuidado com o registro e diligenciar para a celebração de contratos de cessão de direitos para que se tenha certeza de que a pessoa jurídica é a proprietária da invenção. Esta cautela fará diferença no momento da busca por investidor e, especialmente, por ocasião da fusão ou aquisição da empresa. Parece óbvio que se a companhia está sendo adquirida pelas criações desenvolvidas, e o preço pela aquisição das quotas ou ações envolve este ativo, seria desastroso imaginar que o negócio pudesse ser frustrado por uma disputa entre um ex-sócio ou ex-colaborador em torna da propriedade da marca.

Por esse motivo, ressalta-se a importância de se celebrar contrato de cessão de direitos sobre as invenções e descobertas realizadas no âmbito da *Startup*. Sobre o tema, a Lei nº 9.279/96 confere à sociedade o direito sobre a propriedade industrial se o empregado foi contrato exatamente para desenvolver o que acabou sendo criado.[335]

5.3.3. A proteção da propriedade intelectual sobre programas de computadores

Como parcela significativa das *Startups* dedica-se ao desenvolvimento de programas de computador, parece prudente preocupar-se com o modo de proceder ao registro da invenção. No Brasil, a Lei nº 9.609/98 trata da proteção à criação de programas, assegurando ao proprietário do registro direitos sobre a criação.

O registro do programa para efeito de assegurar a titularidade é feito perante o INPI com o cumprimento dos seguintes requisitos:

- Efetuar o registro no *site* do INPI pelo sistema e-RPC;
- Providenciar a criptografia do código-fonte, valendo-se de um algorítimo para registrar a *hash*;
- Recolhimento de uma taxa em favor da União;
- Depois de efetuado o pagamento, recomenda-se acompanhar a tramitação *on line* até o registro final.

O contrato de licença de uso e comercialização autoriza que o adquirente da licença ou autorização possa utilizar o *software* sem qualquer risco. Já o contrato de transferência de tecnologia deve ser registrado perante o INPI para que tenham eficácia em relação a terceiros.

[335] Lei nº 9.279/96: art. 88.

5.3.4. A proteção autoral sobre obras intelectuais e o que não se sujeita à proteção

A Lei nº 9.610/98 regula o direito de propriedade sobre direitos autorais, garantindo os direitos patrimoniais e morais sobre a obra criada.[336] Pelos termos da lei, estes são as obras sujeitas a registro e, por decorrência, à proteção:

> I – os textos de obras literárias, artísticas ou científicas;
>
> II – as conferências, alocuções, sermões e outras obras da mesma natureza;
>
> III – as obras dramáticas e dramático-musicais;
>
> IV – as obras coreográficas e pantomímicas, cuja execução cênica se fixe por escrito ou por outra qualquer forma;
>
> V – as composições musicais, tenham ou não letra;
>
> VI – as obras audiovisuais, sonorizadas ou não, inclusive as cinematográficas;
>
> VII – as obras fotográficas e as produzidas por qualquer processo análogo ao da fotografia;
>
> VIII – as obras de desenho, pintura, gravura, escultura, litografia e arte cinética;
>
> IX – as ilustrações, cartas geográficas e outras obras da mesma natureza;
>
> X – os projetos, esboços e obras plásticas concernentes à geografia, engenharia, topografia, arquitetura, paisagismo, cenografia e ciência;
>
> XI – as adaptações, traduções e outras transformações de obras originais, apresentadas como criação intelectual nova;
>
> XII – os programas de computador;
>
> XIII – as coletâneas ou compilações, antologias, enciclopédias, dicionários, bases de dados e outras obras, que, por sua seleção, organização ou disposição de seu conteúdo, constituam uma criação intelectual.

A legislação exclui expressamente as seguintes manifestações criativas:

> I – as idéias, procedimentos normativos, sistemas, métodos, projetos ou conceitos matemáticos como tais;
>
> II – os esquemas, planos ou regras para realizar atos mentais, jogos ou negócios;
>
> III – os formulários em branco para serem preenchidos por qualquer tipo de informação, científica ou não, e suas instruções;
>
> IV – os textos de tratados ou convenções, leis, decretos, regulamentos, decisões judiciais e demais atos oficiais;
>
> V – as informações de uso comum tais como calendários, agendas, cadastros ou legendas;
>
> VI – os nomes e títulos isolados;
>
> VII – o aproveitamento industrial ou comercial das idéias contidas nas obras.

---

[336] Lei nº 9.610/98: art. 22.

No entanto, isso não significa dizer que a ausência de amparo da lei impossibilite a *Startup* de adotar qualquer medida. Pelo contrário, é justamente na não ausência de regulamentação que podem surgir as ideias mais propositivas para proteção das criações.

Novamente, reitera-se a recomendação de se adotar a cautela de celebrar contratos referente aqueles inventos que estão excluídos da lei, atribuindo ao negócio a segurança esperada.

5.4. Termos de uso e política de privacidade e a Lei Geral de Proteção de dados

O lançamento de algum produto ou serviço que tenha como ambiente de negociação a rede mundial de computadores não pode prescindir de um documento chamado "Termo de Uso", que pode ou não ser acompanhado das regras observadas pela empresa sobre privacidade, normalmente denominado de "Política de Privacidade". O "termo de uso" diz respeito às regras combinadas com o usuário para utilização do produto oferecido, seja para limitar certas aplicações, seja para impor deveres e alertar sobre direitos. A "Política de Privacidade" diz respeito ao direito à privacidade. É preciso esclarecer o usuário sobre o que será feito com os dados que serão coletados e qual o nível de segurança e privacidade oferecidos.

Como o contato com o cliente da *Startup* poderá se dar apenas pelo ambiente virtual, é necessário que o usuário seja apresentado ao documento e, dependendo do produto comercializado, seria recomendável condicionar o uso ao aceite dos termos impostos. Muito embora os termos de uso e política de privacidade sejam desconsiderados pelo usuário que assina sem jamais prestar atenção no texto, é importante fazer o esclarecimento para evitar problemas no futuro.

Isso porque, segundo o marco civil da Internet (Lei nº 12.965/2014 e Decreto nº 8.771/2016), é assegurada ao usuário uma série de direitos e garantias que precisam ser conhecidos e compreendidos pelos empreendedores,[337] sob pena de responsabilização nos termos

[337] Lei nº 12.965/2014: art. 7º. O acesso à internet é essencial ao exercício da cidadania, e ao usuário são assegurados os seguintes direitos: I – inviolabilidade da intimidade e da vida privada, sua proteção e indenização pelo dano material ou moral decorrente de sua violação; II – inviolabilidade e sigilo do fluxo de suas comunicações pela internet, salvo por ordem judicial, na forma da lei; III – inviolabilidade e sigilo de suas comunicações privadas armazenadas, salvo por ordem judicial; IV – não suspensão da conexão à internet, salvo por débito diretamente decorrente de sua utilização; V – manutenção da qualidade contratada da conexão à internet; VI – informações claras e completas constantes dos contratos de prestação de serviços, com detalhamento sobre o regime de proteção aos registros de conexão e aos registros de acesso a aplicações de internet,

da lei.[338] Em agosto de 2018, foi publicada a Lei nº 13.709, conhecida como Lei Geral de Proteção de Dados (LGPD). Inspirada na europeia *General Data Protection Regulation* (GPDR), a lei brasileira passa a conferir proteção aos dados pessoais, modificando o marco civil da internet (Lei nº 12.965/2014). A nova norma é importante porque passa a conferir proteção aos dados, uma disciplina sobre o tratamento e utilização dos dados dos usuários e especialmente porque prevê sanções civis e penais para quem não observar a lei. A questão da proteção de dados é um tema extremamente importe e merece especial atenção do empreendedor, bastando recordar o imbróglio no qual o Facebook acabou se envolvendo com o franqueamento de acesso de dados aos usuários da rede social à Cambridge Analytica.[339]

Embora o usuário não preste atenção, seja porque não tem interesse, seja porque acredita que, por se tratar de termo de adesão, estaria protegido pelo Código de Defesa do Consumidor, a existência do termo e a concordância do usuário pode contribuir em muito para qualquer debate judicial futuro.

Alguns mecanismos, já à disposição no mercado, podem ajudar a conscientizar o usuário da importância da leitura e compreensão do termos, como, por exemplo: (i) exigir que o usuário faça a rolagem de todo o texto para fazer a assinatura ao final; (ii) exigir cadastro do usuário prévio e envio do termo de uso para o *e-mail* fornecido como condição para ter acesso ao produto; (iii) exigir o clique no botão que declara expressa concordância com os termos de uso e política de privacidade e (iv) apresentar um texto com letras grandes o suficiente para chamar a atenção e destaque para as cláusulas que limitam o exercício de certos direitos ou restringem o uso por parte do cliente.

---

bem como sobre práticas de gerenciamento da rede que possam afetar sua qualidade; VII – não fornecimento a terceiros de seus dados pessoais, inclusive registros de conexão, e de acesso a aplicações de internet, salvo mediante consentimento livre, expresso e informado ou nas hipóteses previstas em lei; VIII – informações claras e completas sobre coleta, uso, armazenamento, tratamento e proteção de seus dados pessoais, que somente poderão ser utilizados para finalidades que: a) justifiquem sua coleta; b) não sejam vedadas pela legislação; e c) estejam especificadas nos contratos de prestação de serviços ou em termos de uso de aplicações de internet; IX – consentimento expresso sobre coleta, uso, armazenamento e tratamento de dados pessoais, que deverá ocorrer de forma destacada das demais cláusulas contratuais; X – exclusão definitiva dos dados pessoais que tiver fornecido a determinada aplicação de internet, a seu requerimento, ao término da relação entre as partes, ressalvadas as hipóteses de guarda obrigatória de registros previstas nesta Lei; XI – publicidade e clareza de eventuais políticas de uso dos provedores de conexão à internet e de aplicações de internet; XII – acessibilidade, consideradas as características físico-motoras, perceptivas, sensoriais, intelectuais e mentais do usuário, nos termos da lei; e XIII – aplicação das normas de proteção e defesa do consumidor nas relações de consumo realizadas na internet.

338 Lei nº 12.965/2014: arts. 18 a 21.

339 Dentre tantas notícias disponíveis, destacamos a reportagem da revista Exame: <https://exame.abril.com.br/tecnologia/o-escandalo-de-vazamento-de-dados-do-facebook-e-muito-pior-do-que-parecia/>.

Dependendo do segmento de atuação da *Startup*, é possível que a relação entre a empresa e o usuário esteja sob a influência do Código de Defesa do Consumidor (Lei nº 8.078/90), que é uma norma protetiva e que favorece o lado considerado mais fraco (hipossuficiente). No entanto, a informação prestada pela *Startup* via "termo de uso" com o aceite do usuário tem validade para o Judiciário como se pode observar num julgado do Tribunal de Justiça do Rio Grande do Sul, em que o termo de uso foi um elemento probatório decisivo para a solução do caso.[340]

5.5. A contratação de colaboradores

Dentre os contratos importantes de uma *Startup*, merece destaque especial a contratação dos colaboradores do negócio. Assim como em qualquer esporte coletivo, a montagem do time pode determinar o sucesso ou fracasso da equipe.

Saber selecionar os profissionais de acordo com o perfil de cada indivíduo e motivá-los são desafios da área de recursos humanos e que sem dúvida são cruciais para qualquer negócio. Dentro da proposta deste manual, procuram-se lançar alguns esclarecimentos sobre a contratação de colaboradores e os distintos regimes que podem ser adotados.

5.5.1. A contratação de empregado segundo a legislação trabalhista

O contrato individual de trabalho é o acordo existente entre o trabalhador e o empregador, que pode ser objeto de livre estipulação dos interessados em tudo quanto não vulnere as disposições da legislação

[340] TJRS: APELAÇÃO CÍVEL. DIREITO PRIVADO NÃO ESPECIFICADO. INDENIZATÓRIA. COMÉRCIO PELA INTERNET. PAGAMENTO INTERMEDIADO PELO MERCADO PAGO. INAPLICABILIDADE DO CDC. SUSPENSÃO DA CONTA E BLOQUEIO DE VALORES. DUPLICIDADE DE CADASTRO. PENDÊNCIAS RELATIVAS À CONTA ANTERIOR. Inaplicável ao caso o código de defesa do consumidor, uma vez que a plataforma da ré é utilizada pela autora para a comercialização dos seus produtos, implementando assim a sua atividade comercial. Ainda que admitida pela ré o bloqueio dos valores, verifica-se que legítimos os motivos, uma vez que autorizado o bloqueio quando constatadas irregularidades no cadastro ou na conta do usuário, consoante termos e condições de uso. Comprovadas nos autos as irregularidades – duplicidade de cadastro e pendências em relação à conta anterior consistente em reclamações de não entrega de produtos, das quais foi a autora devidamente notificada. Regularizadas as pendências o valor restou liberado. Ausente, portanto, ilicitude na conduta da ré, o que afasta a pretensão de responsabilização desta pelos danos pretendidos pela autora. Sentença de improcedência mantida. Honorários majorados nos termos do § 11º, do art. 85, do CPC. APELO DESPROVIDO. UNÂNIME. (Apelação Cível nº 70074575234, Décima Segunda Câmara Cível, Tribunal de Justiça do RS, Relator: Pedro Luiz Pozza, Julgado em 12/12/2017)

trabalhista, as convenções coletivas que lhe seja aplicável e as decisões de autoridades competentes.

Caracteriza-se uma relação de emprego toda vez que uma pessoa física prestar serviço não eventual a outra pessoa física ou jurídica, mediante subordinação hierárquica e pagamento de uma contraprestação denominada salário.[341] Logo, por mais que o empreendedor não deseje contratar o colaborador pelo regime da CLT, caso a relação atenda aos requisitos antes mencionados, inevitavelmente estará configurado o vínculo, o que pode ser tratado como uma contingência trabalhista em eventual *due diligence*.

Ao tomar a decisão de contratar um funcionário, é importante que o empresário tenha em mente as obrigações e os benefícios que pretende oferecer ao futuro empregado e ter conhecimento sobre as modalidades de contratos previstos na legislação brasileira, pois irá auxiliar para que ocorra uma contratação nos moldes que melhor convém às necessidades da empresa, levando em consideração a realidade desta.

Existem diversos modelos de contratos de trabalho e serão abordados aqui os mais tradicionais e comumente utilizados: contrato por tempo indeterminado, contrato por tempo determinado e contrato intermitente, vejamos:

a) Contrato por tempo indeterminado: este é o modelo de contrato mais convencional. Está previsto nos artigos 443 e 452 da Consolidação das Leis Trabalhistas, e a característica principal dele é não ter nenhuma previsão de término, ou seja, ele é válido até que seja cessado através de qualquer forma prevista em lei (por decisão do empregador – com ou sem justa causa -; iniciativa do empregado; rescisão indireta; culpa recíproca; comum acordo entre os dois; desaparecimento de uma das partes da relação jurídica, por morte).

Estes contratos não precisam ser renovados, porém, via de regra, para se dar o término contratual, devem ser observados os prazos de aviso-prévio previstos na Lei nº 11.506, de 2011, que variam de 30 (trinta) dias para contratos com duração menor que 1 (um) ano até o limite de 90 (noventa) dias, sendo que a informação de término de contrato tem de ser comunicada através de carta. Ressalta-se que o período do aviso-prévio pode ser trabalhado ou então indenizado.

Nos contratos por tempo indeterminado, a Carteira de Trabalho e Previdência Social (CTPS) deve ser anotada pelo empregador, com os dados da empresa, valor do salário de contratação, data de ad-

[341] CLT: arts. 442 e 443, *caput*.

missão, cargo ocupado e eventuais anotações que forem necessárias, como data de férias, alteração de salário, jornada laboral, etc.

Quanto à jornada de trabalho, a CLT estabelece que a jornada normal é de 8 horas diárias e 44 horas semanais,[342] salvo casos especiais, sendo possível realizar, no máximo, 2 horas extras diárias.[343] O valor do acréscimo varia conforme acordo ou convenção coletiva de cada categoria. Podendo haver também a adoção do regime de compensação semanal ou banco de horas.

Deve ser observado também o salário-mínimo nacional, sendo este o mais baixo valor de salário que os empregadores podem legalmente pagar aos seus funcionários. Alguns estados têm o seu próprio salário-mínimo regional (maior que o mínimo nacional). No entanto, é importante ficar atento à base salarial da categoria profissional do empregado, definida nas convenções coletivas dos sindicatos, pois irá prevalecer o maior valor apurado.

Os trabalhadores possuem direito a 30 (trinta) dias de férias a cada 12 (doze) meses de trabalho. Com a Reforma Trabalhista (Lei nº 13.467/2017), as férias podem ser divididas em até três períodos, sendo que, obrigatoriamente, um período deve ter, no mínimo, 14 (quatorze) dias corridos, e os demais, 5 (cinco) dias corridos cada um.[344] Cabe ao empregador decidir a data de saída do funcionário para as férias,[345] e tem o trabalhador a faculdade de converter 1/3 do período de férias a que tiver direito em abono pecuniário, ou seja, pode "vender" 1/3 de suas férias.[346]

Há também a obrigatoriedade do empregador de recolher ao Fundo de Garantia do Tempo de Serviço – FGTS –, 8% do valor do salário do empregado para a constituição de um fundo para garantir alguma segurança ao trabalhador que por ventura ficar desempregado. Este fundo pode ser sacado pelo empregado em casos de demissão, aposentadoria, etc. e em caso de demissão sem justa causa, o saldo é acrescido de 40% pago pela empresa a título de multa pela rescisão do contrato.

Os trabalhadores também possuem direito ao recebimento do décimo terceiro salário ou gratificação natalina, que equivale à fração de 1/12 por mês trabalhado, considerando o mês trabalhado a fração

---

[342] CLT: art. 58.

[343] CLT: art. 59.

[344] CLT: art. 134.

[345] CLT: art. 136.

[346] CLT: art. 143.

igual ou superior a 15 dias no mês. O valor do décimo terceiro corresponde ao salário somado à média mensal dos outros pagamentos de natureza remuneratória que funcionário recebeu ao longo do ano.

O vale-transporte também é um benefício obrigatório, instituído pela Lei nº 7.418/85, ma qual o empregador, seja pessoa física ou jurídica, deve fornecer ao empregado com carteira de trabalho assinada, para a utilização efetiva em despesas de deslocamento da residência/trabalho/residência, através do sistema de transporte coletivo. A legislação permite ao empregador efetuar desconto salarial de até 6% do salário básico do empregado, mas não se aplica sobre outros benefícios e ganhos remuneratórios (horas extras, comissões, entre outros).

Além dos benefícios citados acima, cujo pagamento é obrigatório por parte da empresa, conforme previsão na legislação trabalhista, existem outros benefícios que podem ser concedidos, porém, não possuem a obrigatoriedade prevista em lei, como por exemplo o vale-alimentação, plano de saúde, plano odontológico, vale cesta-básica, auxílio-creche, etc. Apenas ressalta-se que por força de Convenção Coletiva de Trabalho, alguns benefícios podem se tornar obrigatórios.

b) Contrato por tempo determinado: como o próprio nome diz, nesta modalidade o contrato pode ser firmado já com data de término prevista, conforme estipulado no artigo 442 da CLT, e pode ser utilizado em três hipóteses: i) serviço cuja natureza ou transitoriedade justifique a predeterminação do prazo, ou seja, são serviços de pouca duração, passageiros, decorrentes de necessidades eventuais da empresa, como por exemplo a contratação de um empregado especializado para montagem de equipamento industrial; ii) atividades empresariais de caráter transitório, neste caso a transitoriedade não se relaciona com o serviço a ser desenvolvido pelo empregado, mas sim com a atividade empresarial, como por exemplo uma empresa criada exclusivamente para o fim de comercializar artigos e enfeites de natal, na respectiva época; iii) contrato de experiência, cuja finalidade é permitir ao empregador verificar a capacidade funcional do empregado na execução de sua atividade, e igualmente, permitir ao empregado a possibilidade de adaptação à empresa.

O prazo máximo do contrato deverá ser de 2 (dois) anos,[347] podendo ser prorrogado uma única vez dentro deste período, sob pena de se transformar em um contrato por tempo indeterminado. O contrato de experiência é uma exceção e vigerá por no máximo 90 dias.[348]

[347] CLT: art. 445.

[348] CLT: art. 445, parágrafo único.

Os empregados com contrato por tempo determinado possuem os mesmos direitos trabalhistas relatados no item anterior, com exceção da multa de 40% sobre o saldo do FGTS e ao aviso-prévio. Nesse caso, se, eventualmente, o contrato for rescindido antes do termo final a parte que der causa a rescisão antecipada pagará à outra uma indenização equivalente à metade da remuneração a que o empregado teria direito até o término do contrato.

c) Contrato intermitente: esta é uma modalidade de contrato trazida pela reforma trabalhista, Lei nº 13.467, de 2017, que passou a vigorar a partir de 11 de novembro de 2017. Este contrato pode ser utilizado para a prestação de serviços sem continuidade, ou seja, ocorrendo com alternância de períodos de trabalho e de inatividade que serão determinados em horas, dias ou meses, independentemente do tipo de atividade do empregado e do empregador.[349]

O contrato intermitente deve ser celebrado por escrito e deve conter o valor da hora de trabalho, que não pode ser inferior ao valor da hora do salário-mínimo, e não pode ser menor que os valores recebidos pelos demais funcionários que exerçam a mesma função (intermitente ou não).

O empregado será convocado a trabalhar por seu empregador e terá o prazo de 24 horas para responder ao chamado. Nesta modalidade de trabalho, o tempo de inatividade não será considerado tempo à disposição, então, a jornada de trabalho é a efetivamente trabalhada, sendo que o a empresa demandará quando e conforme a sua necessidade e o trabalhador aceitará conforme a sua necessidade, podendo no período de inatividade, trabalhar em outro local.

O empregado receberá o pagamento imediato dos direitos previstos na Constituição Federal, quais sejam, remuneração, férias proporcionais com acréscimo de 1/3, décimo terceiro salário proporcional, repouso semanal remunerado e adicionais legais. O empregador ainda deverá recolher a contribuição previdenciária e FGTS, tendo como base o valor do salário mensal.

5.5.2. A contratação de estagiário e as particularidades da lei do estágio

A contratação de estagiários não é regida pela CLT, haja vista norma especial que regula o vínculo (Lei nº 11.788, de 25 de setembro

[349] CLT: art. 452-A.

de 2008). Dessa forma, não incidem encargos sociais sobre estes contratos, logo o estagiário não entra na folha de pagamento.

O estágio se caracteriza como uma atividade de cunho educativo realizada no ambiente de trabalho e o seu o objetivo é preparar para o mercado de trabalho estudantes do ensino regular em instituições de educação superior, de educação profissional, de ensino médio, da educação especial e dos anos finais do ensino fundamental, na modalidade profissional da educação de jovens e adultos.

As principais regras deste contrato são:

i) Jornada de trabalho: 4 (quatro) horas diárias e 20 (vinte) horas semanais, no caso de estudantes de educação especial e dos anos finais do ensino fundamental, na modalidade profissional de educação de jovens e adultos e 6 (seis) horas diárias e 30 (trinta) horas semanais, no caso de estudantes do ensino superior, da educação profissional de nível médio e do ensino médio regular;[350]

ii) Duração do contrato: no máximo dois anos, exceto nos casos em que o estagiário é portador de deficiência;[351]

iii) Férias: direito a recesso remunerado de trinta dias a cada doze meses trabalhados, sem a possibilidade de abono pecuniário. Preferencialmente, esse período é gozado durante as férias escolares do estagiário;[352]

iv) Remuneração: o valor da bolsa auxílio deve ser acordado entre empregado e empregador;[353]

v) Seguro de vida: sua oferta ao estagiário é obrigatória por parte do empregador;[354]

vi) Auxílio-transporte: pode ser parcial ou integral, e a legislação não prevê desconto de 6% do salário do estagiário;

vii) Quantidade: o número de estagiários que a empresa pode ter é em função do número total de funcionários que lá trabalham:

Até 5 funcionários: um estagiário

6 a 10 funcionários: dois estagiários

11 a 25 funcionários: cinco estagiários

Mais de 25 funcionários: até 20% da empresa pode ser composta por estagiários.

---

[350] Lei nº 11.788/2008: art. 10.

[351] Lei nº 11.788/2008: art. 11.

[352] Lei nº 11.788/2008: art. 13.

[353] Lei nº 11.788/2008: art. 12.

[354] Lei nº 11.788/2008: art. 9º, IV.

5.5.3. A contratação de prestador de serviço (terceirização) e a legislação trabalhista

O contrato de prestação de serviço é um vínculo de natureza civil, regido pelo artigo 593 do Código Civil. Curioso notar que a legislação civil apresenta uma definição de contrato de prestação de serviço como sendo a relação não sujeita às leis trabalhistas. Significa dizer que se o vínculo observar as características próprias da relação de emprego traçadas pela CLT, a formatação jurídica de vínculo civil pode ser desconsiderada para que seja reconhecido o vínculo trabalhistas e todos os reflexos daí decorrentes.

Essa situação de incerteza entre os contratantes é extremamente prejudicial para o ambiente de negócios, especialmente para o ecossistema das *Startups*. No estágio inicial do negócio, é muito comum que os empreendedores não queiram e nem possam estabelecer vínculos duradouros e caros como aqueles impostos pela legislação trabalhista. No ambiente da tecnologia, como já dito e repetido, impera a informalidade e parece se respeitar uma regra costumeira de não se controverter na Justiça do Trabalho os acordos firmados. De qualquer forma, como este texto é um guia de alerta ao empreendedor é preciso ficar atento para a possibilidade de reconhecimento de vínculo caso não seja tomadas algumas cautelas.

A primeira delas seria formalizar a contratação do prestador com a assinatura de um contrato de prestação de serviço, destacando que há independência do prestador (afastando a subordinação), não se exige o cumprimento de horários (para afastar a habitualidade) e, se possível, definir um curto período de duração do contrato.

No intuito de conferir maior segurança para o ambiente de negócios, foi aprovada a Lei nº 13.429/2017, conhecida como lei da terceirização. O novo diploma passou a definir o contrato de terceirização, conferindo contornos mais amplos que aqueles que a Justiça do Trabalho dispunha. Com efeito, desde a edição do enunciado da Súmula nº 331 do Tribunal Superior do Trabalho, firmou-se o entendimento de que não seria possível terceirizar a atividade-fim da empresa, reservando o contrato de prestação de serviço para a atividade-meio, como por exemplo, vigilância, limpeza, serviços gerais, etc.

Segundo os especialistas na área trabalhista, a terceirização sempre teve fundamento na conjugação do artigo 455 da Consolidação das Leis do Trabalho (subempreitada), do artigo 25 da Lei nº 8.987/95 (regime de concessão e permissão), do artigo 94, II, da Lei nº 9.472/97 (telecomunicações), da Lei nº 7.102/83 (vigilância bancária), da

Lei nº 6.019/74 (trabalho temporário), e, com especial destaque ao enunciado da Súmula nº 331 do TST.

No intuito de modernizar a legislação trabalhista, a Lei nº 13.429/2017 incluiu na Lei nº 6.019/74 o seguinte dispositivo:

> Art. 4º-A. Empresa prestadora de serviços a terceiros é a pessoa jurídica de direito privado destinada a prestar à contratante serviços determinados e específicos.
>
> § 1º A empresa prestadora de serviços contrata, remunera e dirige o trabalho realizado por seus trabalhadores, ou subcontrata outras empresas para realização desses serviços.
>
> § 2º Não se configura vínculo empregatício entre os trabalhadores, ou sócios das empresas prestadoras de serviços, qualquer que seja o seu ramo, e a empresa contratante.

Portanto, a nova legislação define as características do contrato de prestação de serviço (art. 4º-A) e sinala que não se estabelece vínculo empregatício entre os empregados da prestadora e a empresa tomadora do serviço. A norma amplia o cabimento da terceirização para a atividade-fim, o que já causou severas críticas de setores da Justiça do Trabalho. Não obstante a clareza da lei que admite a terceirização, recomenda-se prudência e cautela na celebração deste tipo de contrato, haja vista que há uma forte tendência de a Justiça Trabalhista superar a nova legislação para prestigiar a proteção ao trabalhador. Com o respeito a pensamento diverso, lamentavelmente a pretexto de proteger o empregado, a legislação do trabalho e seus intérpretes promovem mais incerteza e menos postos de trabalho.

5.6. A contratação de soluções inovadoras pelo Estado

O Marco Legal das Startups trouxe nova regulamentação para a contratação por parte do Poder Público. Muito embora a nova Lei de Licitações (Lei nº 14.133/2021) tenha sido aprovada, durante o período de dois anos o antigo diploma legal (Lei nº 8.666/93) coexistirá no ordenamento jurídico. Em qualquer hipótese, não havia previsão para a contratação de Startups.

Não se trata de descuido ou lacuna do diploma licitatório. A ausência de disposição se justifica pela suposta proteção ao interesse público, na medida que tanto na lei antiga (art. 3º), quanto na lei nova (art. 5º) buscava-se assegurar a melhor vantagem para o Poder Público. Imaginava-se que proibir empresas jovens e sem um bom histórico creditício garantia ao contratante a exequibilidade do contrato. Além disso, a dispensa de licitação é outro tema tormentoso em Direito Administrativo, já que o permissivo legal é visto, por vezes, como burla ao regramento licitatório.

Ocorre que contratar soluções inovadoras pressupõe o convívio com a incerteza, para utilizar a expressão cunhada por Eric Ries. Se se deseja contratar com uma Startup, deve-se inicialmente admitir que há um elevado grau de risco na contratação e este risco, via de regra, é abominado pela Administração Pública. Pensando em solucionar o impasse, o Marco Legal da Startup criou o regime de contratação de soluções inovadoras.[355] Estabelecido o regime de licitação especial, a startup vencedora do certame celebra o Contrato Público para Solução Inovadora (CPSI).[356] Contrato tem prazo de 12 meses, podendo ser prorrogado por mais 12 meses. Com o vencimento do prazo estabelecido, pode-se celebrar com a mesma sociedade um contrato de fornecimento sem a necessidade de realizar nova licitação.[357]

Considerando que o Estado brasileiro, assim entendido como o conjunto integrado pela União Federal, Estados, Distrito Federal e mais de 5.500 municípios, é responsável por um volume enorme de contratos, imagina-se destravar a inovação e canalizar recursos importantes para um ecossistema carente de apoio.

[355] LC 182/21: art. 12 e ss.

[356] LC 182/21: art. 14 e ss.

[357] LC 182/21: art. 15 e ss.

Bibliografia

ALCHIAN, Armen A; WOODWARD, Susan. *The firm is dead*: long live the firm a review

ARRUDA, Carlos; NOGUEIRA, Vanessa; COZZI, Afonso. COSTA, Vinicius. *Causas da mortalidade de startups brasileiras*: O que fazer para aumentar as chances de sobrevivência no mercado? Fundação Rio de Janeiro: Dom Cabral, 2012.

ASSAF NETO, Alexandre. *Finanças corporativas e valor*. 7. ed. São Paulo: Atlas, 2014.

BHIDE, Amar. Bootstrap Finance: The Art of Start-ups. In: *Harvard Business Review*, v. 70, 6, p. 109-117, Nov. 1992.

BRATTON, William W. *Corporate Finance*. 5. ed. New York: Thomson West, 2003.

CARNEY, William J. *Corporate Finance*. 3. ed. New York: University Case book series, 2014.

CARVALHOSA, Modesto e EIZERIK, Nelson. *Estudos de direito empresarial*. São Paulo: Saraiva, 2010.

COELHO, Fabio Ulhoa. *Manual de Direito Comercial*. 23. ed. São Paulo: Saraiva, 2011.

COELHO, Giulliano Tozzi; CAMARGO, Henrique Cabral; RIGÃO, Romulo de Oliveira. Contrato De Investimento Em *Startup* Pela Ótica Da Teoria Da Agência: Análise De Cláusulas E A Relação Com Os Conflitos De Agência. In: *Revista dos Tribunais*. vol. 976. São Paulo: Revista dos Tribunais: fev. 2017. p. 221-239.

COELHO, Giulliano Tozzi; GARRIDO, Luiz Gustavo. Dissecando o Contrato com Investidor--Anjo. In: JÚDICE, Lucas Pimenta; NYBO, Erik Fontenele. *Direito das Startups*. Curitiba: Juruá, 2016. p. 115-130.

COOTER, Robert; ULEN, Thomas. *Law & Economics*. 6. ed. Boston: Pearson, 2012.

COOTER, Robert; SCHÄFER, Hans-Bernd. *O Nó de Salomão*: como o direito pode erradicar a pobreza das nações. Curitiba: CRV, 2017.

COUTINHO, Sérgio Mendes Botrel. *Fusões e aquisições*. 4. ed. São Paulo: Saraiva, 2016.

CROSS, Frank B.; PRENTICE, Robert A. *Law and Corporate Finance*. Northampton: Edward Elgar, 2007.

DAMODARAN, Aswath. *Gestão Estratégica do Risco*: uma referência para a tomada de riscos empresariais. Porto Alegre: Bookman, 2009.

DEGENNARO, Ramon. P.; DWYER, Gerald P. *Expected Returns to Stock Investments by Angel Investors in Groups*. Working Paper Series (Federal Reserve Bank of Atlanta). 2010. p. 1-48.

DIMOV, D; MURRAY, G. Determinants of the Incidence and Scale of Seed Capital Investments by Venture Capital Firms. *Small Business Economics*. 30, 2, 127-152, Feb. 2008. ISSN: 0921898X.

DING, Z; SUN, S; AU, K. Angel investors' selection criteria: A comparative institutional perspective. *Asia Pacific Journal of Management*. 31, 3, 705-731, Sept. 2014. ISSN: 02174561.

DINIZ, Gustavo Saad. Instrumentos de Capitalização Societária. *Revista de Direito Privado*. vol 49. São Paulo: Revista dos Tribunais, jan-mar 2012. p. 103-121.

DUXBURY, L., Haines, G. H., & Riding, A. L. 1996. A personality profile of Canadian informal investors. *Journal of Small Business Management*, 34: 44–55.

EIZIRIK, Nelson; GAAL, Ariadna B.; PARENTE, Flávia; HENRIQUES, Marcus de Freitas. *Mercado de Capitais*: Regime Jurídico, 3. ed. Rio de Janeiro: Renovar, 2011,

ENEI, JoséVirgílio Lopes. *O capital de risco e o private equity no Brasil*: a nova lógica do investimento. In: ADAMEK, Marcelo Vieira Von (coord.). Temas de direito societário e empresarial contemporâneos. São Paulo: Malheiros, 2011, p. 723.

FARIA, Renato Vilela; SILVEIRA, Ricardo Maito da; MONTEIRO, Alexandre Luiz Moraes do Rêgo. *Tributação da Economia Digital.* 2 tiragem. São Paulo: Saraiva, 2019.

FELD, Brad; MENDELSON, Jason. *Venture Deals*: Be Smarter Than Your Lawyer and Venture Capitalist. 3. ed. New Jersey: Willey, 2016.

FERRAN, Eilis; HO, Look Chan. *Principles of Corporate Finance Law.* 2. ed. Oxford: Oxford Scholarship, 2014.

FINKELSTEIN, Maria Eugênia. *Manual de direito empresarial.* 8. ed. São Paulo: Atlas, 2016.

FRANÇA, Novaes; AZEVEDO, Erasmo Valladão. *A Sociedade em Comum.* São Paulo: Malheiros, 2013.

FRANÇA, Novaes; AZEVEDO, Erasmo Valladão; ADAMEK, Marcelo Vieira von. Affectio societatis: um conceito jurídico superado no moderno direito societário pelo conceito de fim social. *Revista de Direito Mercantil Industrial, Econômico e Financeiro*, v. 149-150, p. 108-130, 2008.

FREITAS, Ricardo de Santos. *Natureza jurídica dos fundos de investimentos.* São Paulo: Quartier Latin, 2005.

FRIEDMAN, Milton. *There's No Such Thing as a Free Lunch*, Open Court Publishing Company, 1975.

GOMPERS, P; LERNER, Josh. *The Venture Capital Revolution.* The Journal of Economic Perspectives. vol 15. n. 2. Nashville: American Economic Association, 2001. p. 145-168.

GOMPERS, P.; LERNER, J. *The Venture Capital Cycle*, Cambridge MA: MIT Press.

HAAS, Jeffrey J. *Corporate finance.* New York: West Academic, 2017

HART, Oliver D.; MOORE John. *Property rights and the nature of the firm.* Journal

HILL, Claire; QUINN, Brian; SOLOMON, Steven. *Mergers and Acquisitions.* St. Paul: West Academy, 2016.

HUNTER, Daniel e PATTERSON, Dennis. *The Oxford Introductions to U.S.* Law: Intellectual Property. New York: Oxford, 2015.

JONIKAS, Donatas. *Startup evolution curve. From idea to profitable and scalable business.* San Bernardino: IDEA, 2018.

JÚDICE, Lucas Pimenta; NYBO, Erik Fontenele. *Direito das Startups.* Curitiba: Juruá, 2016.

JÚDICE, Lucas Pimenta. *Direito das Startups.* V. II. Curitiba: Juruá, 2017.

KERR, William R.; LERNER, Josh.; SCHOAR, Antoinette. The Consequences of Entrepreneurial Finance: Evidence from Angel Financings. *Review of Financial Studies* 27, no. 1 (January 2014): 20–55.

LANDSTRÖM, H. 1995. A pilot study on the investment decision-making behavior of informal investors in Sweden. *Journal of Small Business Management*, 33(3): 67-76. literature, vol 26. nº 1. 1988. pp 65-79

MACHADO, Carolina; DAVIM, J. Paulo. *Theory and Application of Business and Management principles.* Zurique: Springer, 2016.

MAMEDE, Gladston. *Manual de direito empresarial.* 11. ed. São Paulo: Atlas, 2017.

MARKOVA, Sonja; PETKOVSKA-MIRČEVSKA, Tatjana. Entrepreneurial Finance: Angel Investing As A Source Of Funding High-Growth Start-Up Firms. *Annals of the University of Petrosani Economics.* 2010, Vol. 10 Issue 3, p. 217-224.

MARTINS, Ives Gandra da Silva. *Tributos no Brasil*: auge, declínio e reforma. São Paulo: Fecomercio, 2008..

MAXWELL, A. L.; JEFFREY, S. A.; LÉVESQUE, M. 2011. Business angel early stage decision making. *Journal of Business Venturing*, 26: 212–225.

NEGRÃO, Ricardo. *Manual de Direito Empresarial.* 7. ed. São Paulo: Saraiva, 2017.

NYBO, Erik Fontenele. Memorando de Entendimentos para Pré-Constituição de *Startups*. In: JÚDICE, Lucas Pimenta; NYBO, Erik Fontenele. *Direito das Startups*. Curitiba: Juruá, 2016.

OIOLI, Erik Frederico. *Manual de Direito para Startup*. São Paulo: RT, 2019.

PIMENTA DA CUNHA, Rodrigo Ferraz. *Estrutura de interesses nas sociedades anônimas*. São Paulo: Quartier Latin, 2007.

PRADO, Roberta Nioac. *Direito, gestão e prática*: empresas familiares: governança corporativa, governança familiar e governança jurídica. São Paulo : Saraiva, 2011.

PRADO, Roberta Nioac; PEIXOTO, Daniel Monteiro; DE SANTI, Eurico Marcos Diniz. *Direito societário: estratégias societárias, planejamento tributário e sucessório*. 2. ed. São Paulo: Saraiva, 2011.

PRADO, Viviane Muller. *Estudos empíricos sobre temas de direito societário*. São Paulo: Saraiva, 2012.

RANDALL S. BILLINGSLEY, A.; DAVID M. SMITH, A. *Why Do Firms Issue Convertible Debt?*. Financial Management. 2, 93, 1996.

REUM, Courtney; REUM, Carter. *Shortcut your startup*. Speed up sucess with unconventional advice from the trenches. New York: Gallery Books, 2018.

RIES, Eric. *The Lean Startup*: How today's entreperneurs use continues innovation to create radically successful business. New York: Crown Business, 2011.

SATIRO, Francisco. Constrição judicial sobre ativos de fundos de investimentos em participação. In: TEIXEIRA, Tarcísio (org.). *Direito Empresarial*: estudos em homenagem ao professor Haroldo Malheiros Duclerc Verçosa, IASP, São Paulo, 2015, p. 561-596.

SAZONOV, S; *et al*. Alternative sources of business development: *Mezzanine financing. Scientific Papers of the University of Pardubice*, Series D: Faculty of Economics and Administration. 23, 37, 143-155, Jan. 1, 2016. ISSN: 18048048.

SCALZILLI. João Pedro; SPINELLI, Luis Felipe; TELLECHEA, Rodrigo. Sociedade em Conta de Participação: aplicações práticas e diferentes formatações. In: BOTREL, Sérgio; BARBOSA, Henrique. *Finanças Coporativas*: aspectos jurídicos e estratégicos. São Paulo: Altas, 2016. p 617-637.

SHANE, S. Fool's gold: *The truth behind angel investing in America*. New York: Oxford University Press.

SUDEK, R. Angel investment criteria. *Journal of Small Business Strategy*, 17: 89-103.

TEIXEIRA, Tarcísio; LOPES, Alan Moreira. *Startups e inovação: direito no empreendedorismo (entrepreneurship law)*. Barueri: Manole, 2017.

THIEL, Peter. Zero to One. *Notes on startups, or how to built the future*. New York: Crown Business, 2014.

VICENTE, Dário Moura. *La propriété intellectuelle en droit international privé*. Haya: Adi Poche, 2009.

WE FUNDER. How convertible notes work. Boston, 2014. Disponível em: <https://wefunder.com/post/17-how-convertible-notes-work>. Acesso em: 04 jul 2017.

WILLIAMSON. James J. *The JOBS Act and Middle-Income Investors*: why it doesn't go far enough. The Yale Law Journal. v. 122. n. 7. maio 2013. p. 2069-2080.

WONG, Andrew; BHATIA, Mihir; FREEMAN, Zachary. *Angel Finance*: the other venture capital. Strategic Change. Nov2009, Vol. 18 Issue 7/8, p. 221-230.

WRIGHT, Peter; KROLL, Mark J.; PARNELL, John A. *Strategic Management*: Concepts and Cases. 4. ed. New York: Pearson, 1998.